Jack Nasher
Die Staatstheorie Karl Poppers

Jack Nasher

Die Staatstheorie
Karl Poppers

Eine kritisch-rationale Methode

Mohr Siebeck

Jack Nasher-Awakemian, geboren 1979; Studium der Philosophie, Psychologie, Rechtswissenschaften und Wirtschaft an den Universitäten Oxford, Frankfurt und Trier; 2006 Promotion an der Universität Wien; seit 2010 Professor für Führung und Organisation an der Munich Business School.

5 4 3

ISBN 978-3-16-155243-4

Die Deutsche Nationalbibliothek verzeichnet diese Publikation in der Deutschen Nationalbibliographie; detaillierte bibliographische Daten sind im Internet über *http://dnb.dnb.de* abrufbar.

© 2017 Mohr Siebeck Tübingen. www.mohr.de

Das Werk einschließlich aller seiner Teile ist urheberrechtlich geschützt. Jede Verwertung außerhalb der engen Grenzen des Urheberrechtsgesetzes ist ohne Zustimmung des Verlags unzulässig und strafbar. Das gilt insbesondere für Vervielfältigungen, Übersetzungen, Mikroverfilmungen und die Einspeicherung und Verarbeitung in elektronischen Systemen.

Das Buch wurde von Computersatz Staiger in Rottenburg/N. aus der Stempel Garamond gesetzt, von Gulde Druck in Tübingen auf alterungsbeständiges Werkdruckpapier gedruckt und gebunden.

„Unser Wissen kann nur endlich sein, während unser Nichtwissen notwendigerweise unendlich sein muß."

Sir Karl R. Popper

Vorwort

Der Begriff der „Offenen Gesellschaft" ist zu einem geflügelten Wort geworden. Er geht zurück auf den französischen Philosophen Henri Bergson, doch war es der österreichische Brite Karl Popper, der ihn mit Leben füllte. Auf ihn, diesen Hofphilosophen der freien Welt, berufen sich immer wieder Wirtschaftskapitäne, Religionsführer, Kaiser und Präsidenten.

Und doch ist kaum jemand mit seinen Gedanken tatsächlich vertraut. So erscheint es, dass die *Offene Gesellschaft* zu einer Projektionsfläche für einen vagen „Jedermannspopper" geworden ist, wie der Philosoph Helmut Spinner einmal bemerkte. Popper machte es dem Interessierten aber auch nicht leicht, hat er doch auf eine zusammenhängende Darstellung seiner politischen Philosophie verzichtet. Sie ist vielmehr verstreut in etlichen Büchern und Aufsätzen und ist dabei auch noch als ausführliche Kritik an Platon, Hegel und Marx formuliert. Dieses Buch soll diese Lücke schließen.

Ist das wirklich nötig? Der US-amerikanische Philosoph Richard Rorty sagte mir einmal, dass Popper „his point" doch gemacht hätte und wir ja nun in einer offenen Gesellschaft lebten. Als Popper *Die Offene Gesellschaft und ihre Feinde* schrieb, im Tumult des Zweiten Weltkrieges, hatte er buchstäblich das Gefühl, das „Testament der westlichen Zivilisation" zu verfassen. Der Krieg ist gewonnen, doch sind die Gefahren nicht gebannt. Sie versiegen scheinbar nie, Visionen mit ihren Führern, die mit der Romantik des Stammeslebens spielen und Bürger mitreißen, die jubelnd ihre Individualität aufgeben.

In seiner Staatstheorie veranschaulicht Karl Popper diese stets wiederkehrenden Gefahren für die offene Gesellschaft: grandiose Gesellschaftspläne, die scheinbar historischen Gesetzen folgen, der Traum von phantastischen Revolutionen, eine fast mystische Stammessehnsucht und ein grobes Missverständnis der Demokratie, das regelmäßig zu enttäuschten Bürgern führt.

Karl Poppers offene Gesellschaft ist keine pompöse Ideologie, sondern zu ihr führt eine streng rationale Methode. Er zeigt uns, dass wir aus rein logischen Gründen niemals historische Gesetze aufstellen können und dass auf dem Reißbrett modellierte Gesellschaftsutopien unsinnig sind. Auch legt er dar, weshalb Revolutionen scheitern müssen, und er liefert einen Gegenentwurf: die Stückwerk-Sozialtechnik. Popper erklärt, weshalb wir immer wieder Sehnsucht nach dem Stammesleben haben, ein „zurück zur Natur" aber so unheilvoll ist. Und schließlich zeigt er uns, dass die Demokratie keineswegs eine Volksherrschaft ist oder eine sein sollte. Demokratie ist lediglich die Verhinderung von Machtmissbrauch durch Machtverteilung – eine Erkenntnis, die für den Bürger einer Demokratie entscheidend ist.

Eine solch nüchterne Herangehensweise verfügt über weniger Glanz als die Umsetzung einer grandiosen Vision der idealen Gesellschaft und steht daher selbst schon an der Schwelle zur Utopie, nämlich der Utopie einer rationalen Menschheit. Sicherlich bejubeln Massen lieber einen Führer und nicht eine Regierung in Gestalt von regelmäßig wechselnden Verwaltern. Glänzend jedoch sind die Ergebnisse dieser offenen Gesellschaftsform, die wir uns immer wieder vor Augen führen sollten. Denn die westliche Welt ist die freieste und reichste Zivilisation, die es in der bekannten Menschheitsgeschichte jemals gegeben hat.

Nein, vollkommen ist sie nicht. Doch werden hier – anders als in unfreien Gesellschaften – Missstände offen diskutiert und gegebenenfalls beseitigt. Insofern hat der Westen sehr wohl Werte, wie Popper gerne betonte. Nur weil wir keiner eigenen Utopie entgegenfiebern, müssen wir uns vor pompösen Ideologien nicht ducken und auch nicht eine Rückbesinnung zum Wertekanon des Christentums anstreben. Unser Wert ist die Staatsform des aufgeklärten, des verantwortlichen Individuums, das frei und selbstbestimmt lebt.

Dieses Buch, das auf Teilen meiner Forschungen basiert, aus der meine Dissertation im Jahr 2005 hervorging, wurde gründlich überarbeitet und verwendet doch weiterhin Poppers Worte, wo es nur geht, um ihn unverfälscht darzustellen. Erst in den jeweiligen Diskussionen am Ende der Kapitel fließen auch die Gedanken Dritter ein.

Ich erhebe damit den Anspruch, einen umfassenden Überblick über Karl Poppers Staatstheorie zu geben. Erst ein solch widerlegbarer und kühner Anspruch macht aus einem Text eine wissenschaftliche Arbeit im Popper'schen Sinne, wie die nächsten Seiten zeigen.

100 Prozent des Autorenhonorars gehen an Human Rights Watch, da diese Organisation es sich zur Aufgabe gemacht hat, als Korrektiv gegen Menschenrechtsverletzungen zu fungieren. Wenn wir auch nicht versuchen sollten, alle Menschen glücklich zu machen, so können wir zumindest menschliches Leid vermindern.

München, im April 2017   Jack Nasher

Inhalt

Vorwort VII

Leben 1

Die beiden Grundprobleme 11
1. Das Hume'sche Induktionsproblem 11
2. Das Abgrenzungskriterium 15
Diskussion 20

Poppers politische Philosophie 29
Einleitung 29
1. Der Totalitarismus und sein Ursprung 35
Diskussion 42
2. Poppers Stückwerk-Sozialtechnik 48
Stückwerk und Kritik 53
Stückwerk und Ästhetizismus 55
Diskussion 58

3. Popper über Demokratie 61

Diskussion 78

4. Der Übergang von der Geschlossenen
   zur Offenen Gesellschaft 82

Zurück zum Stamm? 85

Diskussion 88

Schlussbetrachtung 93

Die Einheit der Methode 94

Alles Popper? 97

Wer ist er nur? 99

Schluss 103

Abgekürzt zitierte Werke Karl Poppers 107

Literaturverzeichnis 109

Leben

Karl Raimund Popper erblickt am 28. Juli 1902 in Wien das Licht der Welt. Die Hauptstadt des prächtigen österreichisch-ungarischen Kaiserreichs war damals eines der geistigen und kulturellen Zentren der Welt, aus dem zahlreiche wegweisende Intellektuelle des 20. Jahrhunderts hervorgehen sollten. Karls Eltern sind beide jüdischen Ursprungs, konvertieren jedoch bereits einige Jahre vor seiner Geburt zum Protestantismus und lassen Karl taufen, was im damaligen antisemitischen Klima nicht ungewöhnlich ist.

Karl wird, wie es der Biograph Manfred Geier ausdrückt, in „eine Welt der Bücher und Musik" geboren, einen großbürgerlichen, musischen und stark vom Humanismus geprägten Haushalt. Er wächst mit zwei Schwestern auf. Sein Vater Simon ist erfolgreicher Rechtsanwalt und führt eine Kanzlei nahe am Stephansdom mit seinem engen Freund, dem Wiener Bürgermeister Raimund Grübl, von dem Karl seinen zweiten Vornamen erhält. Simon ist Humanist und glühender Verehrer des Liberalismus von John Stuart Mill, in seiner Freizeit übersetzt er griechische und römische Schriften. Er ist ‚Meister vom Stuhl' der Freimaurerloge *Humanitas* und engagiert sich in einer Wohltätigkeitsorganisation, die Obdachlosenheime unterhält (einer der Bewohner ist Adolf Hitler).

Karls Mutter Jenny, eine geborene Schiff, entstammt einer kultivierten Familie von Musikern, Ärzten und

Wissenschaftlern, aus der unter anderem der Dirigent Bruno Walter hervorging. Wie seine Mutter, interessiert sich auch Karl sehr für Musik und studiert einige Zeit am Wiener Konservatorium. Er besucht ein Realgymnasium und verlässt es ohne Abschluss im Alter von sechzehn Jahren, weil er dort „Stunden und Stunden hoffnungsloser Qual" erleidet.

Daraufhin besucht er als Gasthörer Vorlesungen an der Universität Wien, über Literatur, Geschichte, Medizin, Mathematik, Physik, Philosophie und Psychologie. Allerdings wird ihm schnell langweilig, selten besucht er einen Kurs bis zum Ende des Semesters.

Nach der Niederlage im Ersten Weltkrieg und dem Untergang der Habsburger Monarchie ist die kleine Republik Österreich, wie der Schriftsteller Stefan Zweig es ausdrückt, „ein verstümmelter Rumpf, aus allen Adern blutend". Wien ist ein Tummelplatz unterschiedlichster Gesinnungen, Popper engagiert sich politisch und wird Mitglied der Kommunistischen Partei. Am 15. Juni 1919 kommt es bei einer blutigen Schießerei zwischen Kommunisten und Polizei in der Wiener Hörlgasse zu zahlreichen Toten. Nachdem einige Mitglieder sich selbst zu Anführern deklarieren und die Opfer als für die ‚größere Sache' unvermeidbar betrachten, wendet sich Popper angewidert von ihnen ab.

Von den Ideen der Gleichheit aber löst er sich nie: Sogar in seinem Spätwerk wird er noch schreiben, dass er am liebsten noch immer Sozialist sei, wenn es doch nur einen „Sozialismus verbunden mit persönlicher Freiheit" gäbe. Er bleibt nicht die einzige Ikone des Liberalismus, die mit dem Sozialismus liebäugelt (sogar Hayek war zeitweise Sozialist).

Nachdem er ehrenamtlich in Alfred Adlers Erziehungsheimen in den Wiener Arbeitervierteln arbeitete, beschließt er, Arbeiter zu werden. Nach kurzer Zeit aber merkt er, dass schwere körperliche Arbeit seine Sache nicht ist und beginnt 1922 eine Tischlerlehre. Gleichzeitig holt er die Matura nach, allerdings erst im zweiten Anlauf – im ersten fällt er ausgerechnet in Logik durch.

Nach Abschluss der Lehre arbeitet Popper als Erzieher für sozial gefährdete Kinder. Zugleich nimmt er ein Studium am Pädagogischen Institut der Universität Wien auf und wird dort im Jahr 1928 mit seiner Dissertation *Zur Methodenfrage der Denkpsychologie* bei Karl Bühler promoviert (sein Zweitgutachter ist Moritz Schlick). Der deutsche Psychologe Karl Bühler gilt als einer der wichtigsten Sprachtheoretiker des 20. Jahrhunderts und als ein Begründer der Denkpsychologie. Popper will eine psychologische Arbeit verfassen, doch wird das Vorwort, das ursprünglich lediglich Methodenfragen erörtern sollte, zur Hauptarbeit – sein erster Schritt zur Methodologie.

Im Jahr 1930 wird er Lehrer an einer Hauptschule und heiratet seine Kollegin Josefine Anne Henninger („Hennie"), die ihn und seine Arbeit unermüdlich unterstützen wird. Die Ehe bleibt kinderlos, weil Popper die politische Situation ausgesprochen pessimistisch bewertet und keine gefährdeten Kinder in die Welt setzen möchte – besonders leidtun soll ihm dieser Entschluss nie.

Popper beschäftigt sich neben seiner Lehrtätigkeit intensiv mit Fragen der Wissenschaftstheorie. Auf Wanderausflüge nimmt er zumeist seine Schreibmaschine mit und tippt in den Hütten während der Rast eifrig vor sich hin, sehr zur Verwunderung der anderen Gäste.

Tonangebend in der Wissenschaftstheorie ist zu jener Zeit der „Verein Ernst Mach", besser bekannt als *Wiener Kreis*, der von Poppers Zweitgutachter Moritz Schlick, Inhaber des Lehrstuhls für „induktive Wissenschaften" und Nachfolger von Ernst Mach, und Ludwig Boltzmann organisiert wird. Popper wird jedoch niemals als Mitglied aufgenommen, was er noch Jahrzehnte später bedauert. Wahrscheinlich liegt es daran, dass Popper wenig von dem vom Wiener Kreis verehrten Ludwig Wittgenstein hält. Und auch Poppers hitzige Diskussionskultur ist dem sanftmütigen Schlick zuwider.

Der Irrtum, dass Popper zum Wiener Kreis gehört, ist relativ verbreitet und wird von Popper selbst pompös als „Die Popper-Legende" bezeichnet, obwohl er selbst nicht ganz unbeteiligt daran ist: Er stellt sich einem amerikanischen Verleger gar als „Mitglied des Wiener Kreises der Philosophen" vor, um die Chancen einer Publikation zu erhöhen.

Tatsächlich steht Popper dem Wiener Kreis sehr nahe und orientierte seine gesamte Wissenschaftstheorie an dessen Fragestellungen. Als seine *Logik der Forschung* keinen Verlag findet, erklärt sich Schlick zur Herausgeberschaft bereit und so erscheint sein Werk 1934 in einer vom Wiener Kreis herausgegebenen Schriftenreihe und wird ein erster Achtungserfolg.

Am 22. Juni 1936 wird Moritz Schlick auf den Treppen der Wiener Universität von einem ehemaligen, wohl geistig verwirrten, Studenten erschossen. Die öffentliche Stimmung richtet sich gegen den „Juden und Freimaurer Schlick" (der deutscher Christ ist). In diesem Klima des Antisemitismus und der Irrationalität sieht sich Popper nach Alternativen im Ausland um und bekommt schließlich ein Angebot, als Dozent (Senior Lecturer) in Neuseeland Philosophie zu lehren. Das Ehepaar besteigt im Januar 1937 das Schiff „auf halbem Weg zum Mond", wie es Popper formuliert – knapp ein Jahr vor dem „Anschluss" Österreichs an das Deutsche Reich.

Am Canterbury University College in Christchurch arbeitet Popper akademisch isoliert und mit einer miserabel ausgestatteten Bibliothek an seiner politischen Philosophie und verfasst *The Open Society and Its Enemies* (*Die Offene Gesellschaft und ihre Feinde*) von 1938 bis 1943 in englischer Sprache. Nach Fertigstellung verliert er neun Zähne – nicht durch die Fäuste aufgebrachter Platon-Anhänger, sondern durch seine – psychische wie eben auch physische – Verausgabung.

Durch den Einsatz seiner in England lebenden Freunde Ernst Gombrich und Friedrich von Hayek wird das Werk schließlich 1945 veröffentlicht. Daraufhin wird Popper eine Lehrtätigkeit an der *London School of Economics and Political Science* angeboten, die er freudig annimmt. Nach einmonatiger Schiffsreise treffen die Poppers am 5. Januar 1946 in England ein und werden am Hafen von Ernst Gombrich empfangen, der ihnen mit einem Exemplar der *Offenen Gesellschaft* entgegenwinkt. Da das Buch ein durchschlagender Erfolg geworden ist, ist Popper bei seiner Ankunft in England ein bekannter Mann. Ab diesem Zeitpunkt beginnt seine persönliche Erfolgsgeschichte.

Popper wird mit Preisen überhäuft und wird zu einem der populärsten Philosophen der angloamerikanischen Welt. Er bekommt ein Dutzend Ehrendoktorate verliehen, unter anderem von den Universitäten Oxford, Cambridge und Wien. Man bietet ihm die Nachfolge von Moritz Schlicks Professur an der Universität Wien an, dorthin aber möchte er „never!" zurückkehren.

Seine Arbeit wird in mehr als vierzig Sprachen übersetzt. Wie kaum jemand zuvor, wird Popper zugleich Fellow der *British Academy* und der *Royal Society* (allerdings als „nonscientist", was ihn enttäuscht). Im Jahr 1965 wird er von der britischen Königin in den Adelsstand erhoben, in Deutschland wird ihm 1983 das Große Verdienstkreuz mit Stern und Schulterband verliehen.

Popper wird von Staatsoberhäuptern des 20. Jahrhunderts hofiert: Die britische Premierministerin Margret Thatcher bezeichnet Popper als ihren „Guru", Spaniens König Juan Carlos lädt ihn zur Audienz (die Popper – ganz britischer Patriot – wegen Gibraltar-Streitigkeiten absagt). Er trifft den Kaiser von Japan und den Dalai Lama. Staatsmänner wie Helmut Schmidt und Václav Havel machen ihm ihre Aufwartung und beziehen sich immer wieder ganz explizit auf seine Ideen.

Die bedeutendsten Wissenschaftler des Jahrhunderts zählen zu seinen Freunden und Bekannten, darunter eine beträchtliche Anzahl an Nobelpreisträgern – etwa die Physiker Albert Einstein, Niels Bohr, Werner Heisenberg und Erwin Schrödinger. Der Anthropologe Konrad Lorenz ist ein enger Freund, mit dem Medizin-Nobelpreisträger John Eccles schreibt Popper ein Buch.

Von den Linken wird Popper, der Revolutionen schon aus rein methodischen Gründen als unsinnig ablehnt, in den 1960er Jahren zum Philosophen des Establishments stilisiert. Die Frankfurter Schule attackiert ihn im sogenannten Positivismusstreit, an dem er sich selbst kaum beteiligt. Als Vertreter Poppers ist es vor allem der deutsche kritische Rationalist Hans Albert, der mit Jürgen Habermas streitet und damit Poppers Ideen in Deutschland bekannt macht.

Schon vor seiner Emeritierung 1969 zieht Popper abseits von London fernab von öffentlichen Straßen, um in Ruhe zu arbeiten. Er lebt geradezu puritanisch, ernährt sich hauptsächlich von belegten Broten und trockenen Keksen und predigt gerne die Vorzüge der Abstinenz von Alkohol, Zigaretten und Sex. Er arbeitet beständig an philosophischen Problemen und äußert sich zu einer erstaunlichen Fülle von Themen: zur Philosophie, Politik, Soziologie, Physik, Quantenmechanik, Geschichte, Ideengeschichte, Wissenschaftstheorie, Wahrscheinlichkeitstheorie, Logik, zur evolutionären Biologie und zum Leib-Seele-Problem.

Der „glücklichste Philosophen der Welt", wie er sich selbst bezeichnet, stirbt am 17. September 1994 in Croydon bei London. Er wird in einer Urne neben Hennie beigesetzt, die neun Jahre zuvor verstarb. Bei der Trauerfeier an der LSE wird eines seiner Stücke aufgeführt, das er als Jugendlicher am Wiener Konservatorium komponiert hatte.

Er vermacht 450 Kisten an Manuskripten und Korrespondenzen an das Hoover Institute der Stanford University.

Popper war ein arbeitsamer, ernsthafter und zuweilen melancholischer Mensch. Wien vermisste er wohl nicht, anders als seine Frau Hennie und andere Wiener Exilanten, deren Sehnsucht nach Kaffeehäusern sie zuweilen in die Depression trieb. Popper fühlte sich in England ausgesprochen wohl, schätzte er doch die nüchterne, rationale Art der Engländer. Und dennoch empfand er sich als Fremdkörper in einer akademischen Welt, die sich mit linguistischen Feinheiten der Schule eines anderen Exil-Wieners, nämlich Ludwig Wittgensteins beschäftigte, die Popper als belanglos und albern empfand.

Dies ist vielleicht eine der Erklärungen für die Aggressivität, mit der Popper seine Ansichten verteidigte. Bei Diskussionen erfasste er – bis ins hohe Alter – den argumentativen Kern seines Gegners blitzschnell, formulierte ihn aus und vernichtete ihn, bis nichts mehr davon zurückblieb. Dazu äußert sich sein Schüler Bryan Magee folgendermaßen: „Seine politischen Schriften beinhalten manche der eindrucksvollsten Aussagen, die je gemacht wurden zugunsten der Freiheit und Toleranz in menschlichen Belangen; aber der Mensch Popper war intolerant und hatte kein wirkliches Verständnis von Freiheit."[1] Es wundert daher kaum, wenn Popper an der LSE unter anderem mit dem Spitznamen „Totalitarian Liberal" versehen wurde. Poppers Freund Ernst Gellner war Urheber der mittlerweile äußerst beliebten scharfzüngigen Bemerkung, dass Poppers umfangreichstes Werk besser *Die offene Gesellschaft von einem ihrer Feinde* hätte genannt werden sollen.

---

[1] Magee (1997, S. 234; eigene Übersetzung aus dem Englischen) fügt hinzu: „Dass er darin versagte, in Einklang mit seinen eigenen Ideen zu leben, macht sie genauso wenig unwahr, wie das Christentum dadurch unwahr ist, dass die meisten Christen nicht in Einklang mit ihm leben."
Es muss zu Poppers ‚Rettung' hinzugefügt werden, dass Popper zwar für Toleranz plädierte, allerdings für systemimmanente. Popper fordert Spielregeln, die den demokratischen und wissenschaftlichen Prozess sichern. Er verlangt keineswegs, dass die Individuen ihre Ansichten nicht verteidigen, „ein gewisses Maß an Dogmatismus", so schreibt er, „ist durchaus erwünscht." (Lesebuch, S. 112). Popper widerspricht seiner eigenen Theorie also nicht, wenn er sie verficht (s. dazu auch Abschnitt über die Falsifizierbarkeit). Allerdings scheint es, dass er regelmäßig das Maß des Dogmatismus überschritt und sich keineswegs in der intellektuellen Bescheidenheit geübt hat, für die er ebenfalls plädierte.

Seine Ideen aber haben Bestand und seine Wirkung auf die akademische Philosophie ist beträchtlich. Gérard Radnitzky, Mitherausgeber des *Handlexikons zur Wissenschaftstheorie*, ist der Auffassung, „dass Popper der größte Wissenschaftstheoretiker des Jahrhunderts ist, vermutlich der größte bisher überhaupt".[2] Manfred Lube hat in seiner Popper-Bibliographie, die die Jahre 1925– 2004 umfasst, gar über 4000 Publikationen zu Popper aufgeführt. Eine statistische Studie über die Erwähnung Poppers in den Werken anderer Philosophen brachte hervor, dass auf ihn in thematisch entsprechenden Werken öfter als auf jeden anderen Philosophen Bezug genommen wird.[3]

Was Popper so hervorstechen lässt aus dem Kreis der Philosophen, ist sein erheblicher Einfluss auf die Welt außerhalb des Akademischen: Der ehemalige Vorstandsvorsitzende von Daimler-Benz, Edzard Reuter, hat den Konzern gemäß Popper'schen Grundsätzen geleitet. Der Maori-Häuptling Te Maire Tau reformierte seinen Stamm nach Poppers Ideen. Der Multimilliardär und Philanthrop George Soros – ein Student Poppers an der LSE – entwickelte seine Börsentheorie aus der Theorie Poppers und gründete die *Open Society Foundation* 1979, die zahlreiche Stipendien vornehmlich an politische Dissidenten vergab. Davon inspiriert, gründete der einstmals mächtigste Oligarch Russlands, Michail Khodorkovsky, die *Open Russia Foundation*. Der libanesisch-amerikanische Hedge-Fond Manager und Denker Nassim Nicholas

---

[2] Radnitzky, 1995, S. 32.
[3] Hedström *et al.* (1998) untersuchten dazu die fünf führenden Soziologiezeitschriften in den USA, Großbritannien, Frankreich, Italien und Deutschland.

Taleb setzte seinen Investmentfond nach Poppers Theorien auf und belebte seine Theorien, wie er in seinem Weltbestseller *The Black Swan*: *The Impact of the Highly Improbable* von 2007 darlegte.

Die beiden Grundprobleme

Karl Popper ersann seine entscheidenden Gedanken schon Ende der 1920er Jahre in der Auseinandersetzung mit der Wissenschaftsphilosophie des Wiener Kreises. Diese Ideen, die er Zeit seines Lebens auf die unterschiedlichsten Bereiche übertragen sollte, stellen den Kern der philosophischen Richtung des *kritischen Rationalismus* dar. Seine beiden Hauptthemen, das „Problem der Induktion" und das „Abgrenzungskriterium", waren Inhalt Poppers ersten Buches mit dem bezeichnenden Titel *Die beiden Grundprobleme der Erkenntnistheorie*.

1. Das Hume'sche Induktionsproblem

Der „logische Positivismus" war die damals herrschende, vom Wiener Kreis vertretene wissenschaftstheoretische Strömung. Sie ging vom induktiven Schluss aus, also vom Schluss von besonderen auf allgemeine Sätze. Demnach führen Beobachtungen zur Bestätigung, zur „Verifikation" einer Theorie. Man ging davon aus, dass ein gewisses Maß an Beobachtungen zu einem gewissen Grad an Wahrscheinlichkeit führte.

Laut Popper aber ist diese Auffassung unhaltbar, da Beobachtungen niemals zur Verifikation einer Theorie beitragen. Aus einer singulären Beobachtung lässt sich kein allgemeiner Satz herleiten. Umgekehrt aber ist möglich, was den sogenannten *modus tollens* der Logik beschreibt: Ein besonderer Satz kann im Widerspruch zu einem Allgemeinen stehen.

Will etwa ein Biologe ein Werk über Schwäne verfassen und setzt sich zu ihrer Beobachtung an einen See, so erblickt er einen, zwei, drei und nach vielen Tagen möglicherweise tausende weißer Schwäne. Mit jedem weißen Schwan wächst womöglich seine Sicherheit darüber, dass Schwäne weiß sind und er bringt seine Theorie zu Papier: *„Schwäne sind weiß."* Doch würde er nun, nach getaner Arbeit, einen Urlaub in Neuseeland verbringen, und einen einzigen schwarzen Schwan erblicken, wäre seine Theorie widerlegt.

Er müsste nun neu formulieren: *„Schwäne sind weiß oder schwarz."* Wollte er diese neue Theorie überprüfen, wonach sollte er suchen? Nach weiteren weißen und schwarzen Schwänen, um seine Theorie zu „bestätigen"? Nein, die Betrachtung weiterer weißer oder schwarzer Schwäne würde keinerlei Erkenntnisgewinn bringen. Dagegen könnte lediglich ein einzelner andersfarbiger Schwan auch seine zweite Theorie widerlegen.

Es gibt also eine Asymmetrie zwischen Verifikation und Falsifikation: ‚Bestätigungen' einer Theorie können noch so oft beobachtet werden – sie sind gehaltlos; denn eine einzige widersprechende Beobachtung, nach zahllosen ‚Verifikationen', vermag es bereits, die Theorie zu widerlegen.

Wer nach neuer Erkenntnis strebt, muss sich daher auf die Suche nach der Falsifikation machen, also etwa nach nach roten oder grünen Schwänen Ausschau halten. Jede Falsifikation ist ein Erkenntnisfortschritt, da jede neue Theorie, die die Fehler der alten berücksichtigt, den Erkenntnisstand auf ein höheres Niveau hievt – es handelt sich also um eine evolutionäre Theorie der Erkenntnis.

Popper selbst beschrieb seinen Erkenntnisweg so:

$P_1 \rightarrow VT \rightarrow FE \rightarrow P_2$

Wir beginnen mit einer Fragestellung oder einem Problem (P_1). Dann kommt es zur Aufstellung einer Theorie, die nur vorläufig ist (VT). Die Theorie wird getestet und die Fehler werden eliminiert (FE). Die Problemstellung wird nun tiefer und gehaltvoller (P_2).

Noch einfacher könnte man es so formulieren:

$VT_1 \rightarrow FE \rightarrow VT_2$

Ausgehend von einem Problem, versuchen wir, es mit einer vorläufigen Theorie (VT_1) zu lösen. Die Theorie wird der Fehlerelimination ausgesetzt (FE), schließlich ergibt sich eine neue, bessere Theorie (VT_2).

Popper ist keineswegs der erste, der die Induktion für logisch unhaltbar hielt. Der US-amerikanische Mathematiker Charles Sanders Peirce äußerte sich bereits im 19. Jahrhundert ganz im späteren Sinne Poppers, und der schottische Philosoph David Hume vertrat diese Ansicht schon im 18. Jahrhundert, weshalb er auch der Namensgeber für das Problem ist. Doch gibt es für Hume einen großen Unterschied zwischen Theorie und Praxis. Zwar sei die Induktion logisch unhaltbar, doch müssen wir alle durch Beobachtung gewonnenes Wissen ständig verwenden, da wir sonst kaum überlebensfähig wären. Wenn wir etwa einmal eine heiße Herdplatte angefasst haben, dann hüten wir uns zukünftig davor. Hier also hat die Beobachtung zu unserem Erkenntnisgewinn geführt.

Popper hält das für eine Illusion, für eine „optische Täuschung". Denn vor der Beobachtung kommt die

Theorie. Wir nähern uns das erste Mal der Herdplatte mit der Theorie, dass wir sie ohne Probleme berühren könnten. Mit der Verbrennung der Hand widerlegen wir sogleich unsere Theorie und stellen eine neue auf, nämlich dass es schmerzhaft ist, eine heiße Herdplatte zu berühren. Popper verwirft die Induktion also nicht nur logisch, sondern auch psychologisch.

Bedeutet die Verwerfung der Verifikation, dass Popper nicht an eine absolute Wahrheit glaubt? Keineswegs, Erkenntnis ist für Popper objektiv, da es eine Wahrheit gibt – völlig unabhängig von sozialen Konstrukten. Wir nähern uns der Wahrheit durch Versuch und Fehlerausmerzung (*trial and error*) an. Popper beruft sich auf den Wahrheitsbegriff des polnischen Mathematikers Alfred Tarski, nach dessen *Korrespondenztheorie der Wahrheit* eine Aussage dann wahr ist, wenn ihr Inhalt mit den Tatsachen übereinstimmt.[4] Zwar haben wir keine Möglichkeit, jemals zu wissen, ob eine Theorie tatsächlich wahr ist. Doch ist die absolute Wahrheit unser Ziel, sie dient als eine ‚regulative Idee'.

Nicht durch die nichtssagende Verifikation, sondern durch die Falsifikation können wir uns der Wahrheit immerhin annähern. Denn es ist möglich herauszufinden, welche unserer Vermutungen falsch sind, welche wir also *falsifizieren* können. Und so müssen wir stets versuchen,

---

[4] Zur Zeit der *Logik der Forschung* war Popper mit den Gedanken Tarskis noch nicht vertraut. In diesem Werk hat er es völlig vermieden, auf den Wahrheitsbegriff einzugehen, was er später als Fehler eingesteht (vgl. Agassi, 1993, S. 174). Mit der Einführung einer Metaebene in der Sprache hat Tarski für Popper semantische Paradoxien – wie etwa das Lügner-Paradoxon – lösbar gemacht (vgl. Ausgangspunkte, S. 204 ff.); Zum Einfluss Tarskis auf Popper in Miller, 1999, S. 56–70.

unsere Theorien zu widerlegen, um dann mit neuen, besseren Theorien der Wahrheit einen Schritt näher zu kommen.

2. Das Abgrenzungskriterium

Der Wiener Kreis beschäftigte sich eingehend mit der Frage, wie Wissenschaft von Nicht-Wissenschaft abzugrenzen sei, ein Kriterium, das auf Kant zurückgeht und das von Ludwig Wittgenstein aufgegriffen wurde, auf den sich der Wiener Kreis mit seinem *Sinnkriterium* bezog: Nur verifizierbare Sätze gelten demnach als sinnvoll und was nicht verifizierbar ist, ist Unsinn, gemäß Wittgensteins Satz: „Wovon man nicht sprechen kann, darüber muss man schweigen."

Popper hielt diese Ansicht für falsch. Denn zum einen ist die Verifikation, wie bereits aufgeführt, sowieso unmöglich. Doch sogar dann, wenn wir nur falsifizierbares Wissen als sinnvoll bezeichnen würden, so wäre das Kriterium für Popper noch immer verfehlt.

Denn wenn auch Popper der Wissenschaftlichkeit von Theorien größte Bedeutung beimisst, so liegt es ihm fern, Theorien, die unausgegoren und noch nicht überprüfbar sind, voreilig als Unsinn abzutun. Als Beispiel führt er die Metaphysik an, die nach dem Sinnkriterium unsinnig wäre, tatsächlich aber Ursprung für zahlreiche mittlerweile etablierte wissenschaftliche Erkenntnisse ist. So ist etwa Nils Bohrs Atommodell mit seinem Atomkern und den umlaufenden Atomen eine – freilich erhebliche – Weiterentwicklung der antiken metaphysischen Theorie von Leukipp und Demokrit, nach der alle Körper aus unteilbaren Teilchen (átomos: unteilbar) bestehen.

Rudolf Carnap, eines der prominentesten Mitglieder des Wiener Kreises, hielt etwa die Aussage „Dieser Stein denkt an Wien" für unsinnig. Popper aber hielt sie nicht für unsinnig, sondern lediglich für falsch. Damit stellte Popper das *Abgrenzungskriterium* auf: Er möchte zwischen Wissenschaft und Nichtwissenschaft unterscheiden, nicht aber zwischen Wissenschaft und Unsinn. Popper beantwortet damit die fundamentale Frage, wann sich eine Theorie wissenschaftlich nennen darf und wann nicht. Für Popper sind dafür zwei Merkmale verantwortlich: Falsifizierbarkeit und Kühnheit.

A) Falsifizierbarkeit

Eine Theorie muss falsifizierbar sein. Denn, wie oben aufgeführt, führt nur die Falsifikation zum Erkenntnisfortschritt. Eine Theorie, die nicht falsifiziert werden kann, führt zu nichts.

Laut Popper waren etwa Sigmund Freuds und Alfred Adlers Psychoanalyse niemals wissenschaftliche Theorien, denn sie waren unmöglich zu falsifizieren. Jegliches Handeln konnte mit ihnen – im Nachhinein – erklärt werden, denn sie schlossen kein mögliches Verhalten aus, so schreibt Popper: „Was immer irgend jemand tut, ist im Prinzip im Sinne Freuds oder Adlers erklärbar."[5] Deren Theorien waren also mit „allem, was geschehen konnte, vereinbar."[6]

Popper aber verlangt vom Wissenschaftler, seine Hypothesen klar zu formulieren und keinen Spielraum für

---

[5] Lesebuch, S. 114.
[6] Lesebuch, S. 114.

Interpretationen zulassen: „Versuche nicht, der Falsifikation zu entgehen, sondern riskiere deinen Kopf."[7]

In den Geisteswissenschaften etwa muss der Autor seine Gedanken klar und unmissverständlich zu Papier bringen, damit sie durch ihre Unmissverständlichkeit falsifizierbar werden. Prätentiöses Geschwafel nennt Popper[8] „die Sünde gegen den heiligen Geist", damit meint er „Tautologien und Trivialitäten gewürzt mit paradoxem Unsinn. … Schreibe schwer verständlichen Schwulst und füge von Zeit zu Zeit Trivialitäten hinzu." Das führt zu Poppers viel zitiertem Wahlspruch: „Wer's nicht einfach und klar sagen kann, der soll schweigen und weiterarbeiten, bis er's klar sagen kann."

Falls es zu einer Falsifikation kommt, ist es Pflicht des Wissenschaftlers, die Falsifikation zu akzeptieren und nicht jegliche Widerlegung hinwegzuerklären. Anhänger des Marxismus aber missachten laut Popper diese Regel. Der Marxismus war durchaus einmal eine wissenschaftliche Theorie. Er stellte eine falsifizierbare und äußerst kühne These auf: Er sagte voraus, dass die „sozialistische Revolution" zuerst in den technisch hoch entwickelten Ländern stattfinden werde, nämlich in England und Deutschland. Tatsächlich aber kam es in Russland, einem der technisch rückständigen Länder, zur Revolution, in Deutschland und England geschah nichts dergleichen. Damit, so Popper, wurde die Theorie eindeutig falsifiziert. Unwissenschaftlich wurde es nach der Falsifikation, als die so genannten ‚Neomarxisten' die Theorie gegen offensichtliche Widerlegungen ‚immunisierten', indem sie versuchten, die Falsifikationen zu rechtfertigen.

---

[7] Lesebuch, S. 111 f.
[8] Popper, 1971.

Der Marxismus ist laut Popper nunmehr nichts als ein „metaphysischer Traum".

Der Wissenschaftler soll seine Theorie also so formulieren, dass sie falsifizierbar ist, und auf entsprechende Falsifikationen reagieren. Das bedeutet allerdings nicht, dass der Wissenschaftler seine Theorie allzu leicht aufgeben soll: *„In der Wissenschaft ist Platz für die Debatte*: für den Angriff und daher auch für die Verteidigung. Nur wenn wir sie zu verteidigen versuchen, können wir all die verschiedenen Möglichkeiten kennenlernen, die unseren Theorien innewohnen."[9] Denn schließlich sind alle Beobachtungen, also auch die Falsifikation, nur Hypothesen.

Um einer voreiligen Widerlegung zu entgehen, gibt es die Hilfshypothese: eine überprüfbare Fiktion, die Unregelmäßigkeiten einer Theorie erklärt. Der Planet Uranus etwa bewegte sich nicht so, wie es Newtons Gravitationsgesetz vorhersagte. Doch verwarf man Newtons Theorie nicht gleich, sondern stellte die Hilfshypothese auf, dass es einen bisher nicht erfassten Planeten gäbe, der die seltsamen Bewegungen des Uranus erklärte. Schließlich entdeckte man diesen neuen Planeten im Jahr 1846, der „Neptun" genannt wurde.

Popper und seine Schüler haben auch im Lichte der Duhem-Quine-These – nach der eine Theorie nicht durch einzelne Beobachtungen zu widerlegen ist – nähere Kriterien festgelegt, unter denen eine Falsifizierung zu akzeptieren ist. Popper fasst seine Forderung an den Wissenschaftler so zusammen: „Schlage Theorien vor, die kritisierbar sind. Stelle dir mögliche entscheidende falsifizierende Experimente vor … Aber gib deine Theo-

---

[9] Lesebuch, S. 112, Hervorhebung im Original.

rien nicht zu leicht auf – auf keinen Fall, bevor du deine Kritik kritisch geprüft hast."[10]

B) Kühnheit

Das zweite Kriterium für die Wissenschaftlichkeit ist laut Popper die Kühnheit der Theorie. Denn „Wahrheit allein ist nicht genug; was wir suchen sind *Antworten auf unsere Probleme.*"[11] Also diejenige Wahrheit, die ein „hohes Maß an Erklärungskraft besitzt".[12]

Der Wissenschaftler muss also eine Theorie aufstellen, die einen Inhalt birgt, der uns bei unserem ursprünglichen Problem weiterbringt – wenn sie *kühn* ist. Das ist dann der Fall, „wenn sie ein großes Risiko eingeht, falsch zu sein – wenn die Dinge anders sein könnten, und wenn sie zu jener Zeit anders zu sein scheinen."[13]

Eine kühne Theorie testet also ein Höchstmaß an neuer Erkenntnis. Unwahrscheinlichkeit und Kühnheit wachsen daher proportional zueinander, da eine Theorie durch die Kühnheit zugleich unwahrscheinlicher wird.

Auf diesen beiden Grundproblemen aufbauend gab Popper dem Wissenschaftler in seiner *Logik der Forschung* vier Schritte vor, um wissenschaftlich zu arbeiten:
1. Zuerst sollte er die gegenständliche Theorie danach betrachten, ob es logische Widersprüche gibt.
2. Dann muss der Wissenschaftler die vorliegende Theorie in empirische und logische Elemente aufteilen.

---

[10] Lesebuch, S. 112.
[11] Vermutungen, S. 335; Hervorhebung im Original.
[12] Vermutungen, S. 335.
[13] Lesebuch, S. 104.

20   *Die beiden Grundprobleme*

Dieser Schritt ist notwendig, um nicht an der falschen Stelle zu suchen, also etwa nach Beobachtungen Ausschau halten, wenn es um Fragen der Logik geht.
3. Nun muss der Wissenschaftler die neue mit der alten Theorie vergleichen. Nur wenn sie mehr Aussagekraft besitzt, ist sie zu verwenden.
4. Im letzten Schritt muss der Wissenschaftler die neue Theorie testen. Genauer: Konsequenzen, wie etwa Vorhersagen, die sich aus der neuen Theorie ergeben und nicht in der alten enthalten sind. Dabei ist denen Konsequenzen der Vorzug zu geben, die der alten Theorie widersprechen. Sobald die alte Theorie – trotz einiger Verteidigung – falsifiziert wurde, gilt die neue als bewährt. Dabei darf diese neue Theorie die Fehler der alten nicht in sich tragen.

Diskussion

Am 7. November 1919 überschrieb die sonst so nüchterne *London Times* einen Artikel mit den Worten „Wissenschaftliche Revolution. Neue Theorie des Universums. Newtons Vorstellung widerlegt". Ein Team britischer Wissenschaftler um Arthur Eddington hatte aus zwei verschiedenen Perspektiven eine Sonnenfinsternis beobachtet. Es war so, wie Albert Einstein einige Jahre zuvor in seiner Allgemeinen Relativitätstheorie formuliert hatte, nämlich dass die Gravitation der Sonne das Licht der Sterne auf eine bestimmte Weise ablenkt. Mit dieser Beobachtung wurde Newtons Theorie falsifiziert und von Einsteins abgelöst.

Dieses Ereignis, die Falsifikation einer und die Etablierung einer neuen Theorie, prägte Popper nachhaltig.

Sein Ideal des Wissenschaftlers wurde Albert Einstein, der selbst formuliert hatte, unter welchen Bedingungen seine Allgemeine Relativitätstheorie falsch wäre: „Er sagte, dass seine Theorie eine bessere Annäherung an die Wahrheit ist als Newtons (der vorher die Theorie Keplers ablöste), aber er gab Gründe an, warum er seine Theorie nicht als wahr betrachten würde, selbst wenn alle Vorhersagen richtig wären. Er skizzierte eine Anzahl von Bedingungen, die eine wahre Theorie (eine einheitliche Feldtheorie) erfüllen müßte und erklärte, dass seine Theorie im besten Falle eine Annäherung an diese bisher unerreichte einheitliche Feldtheorie ist."[14]

Diese kritische Einstellung beeindruckte Popper außerordentlich, so schreibt er: „Das meinte ich, war die wahre wissenschaftliche Haltung. Sie war grundverschieden von der dogmatischen Einstellung, die dauernd darauf ausging, ‚Verifikationen' für die eigenen Theorien vorzuführen."[15]

Denn scheinbare Bestätigungen sind nichtssagend. Wie Volker Gadenne richtig bemerkt: „Sonst könnte ich einen Kugelschreiber zu Boden fallen lassen und behaupten, ich hätte soeben die allgemeine Relativitätstheorie ein erneutes Mal getestet und ihre Bewährung erhöht."[16]

Der deutsche Philosoph Carl Gustav Hempel illustriert die logische Struktur des Arguments:[17] Ein Wissenschaftler stellt nach der Beobachtung zahlrei-

---

[14] Lesebuch, S. 106.
[15] Ausgangspunkte, S. 48.
[16] Gadenne, 2004, S. 64. Gadenne macht auch auf Hempel aufmerksam.
[17] Hempel selbst verwendet schwarze Raben, um seine Theorie zu illustrieren, weshalb man auch vom „Rabenparadox" spricht (vgl. Hosiasson-Lindenbaum; S. 133 ff.).

cher weißer Schwäne die Hypothese auf „Alle Schwäne sind weiß". Das würde dann bedeuten, dass wenn etwas nicht weiß ist, es demnach kein Schwan sein könne (alle Schwäne sind ja weiß). Mit anderen Worten: Alle nicht-weißen Objekte sind demnach auch keine Schwäne.

Die Aussage *Alle Schwäne sind weiß* führt also logisch äquivalent (eine sogenannte Kontraposition) zur Aussage *Alle nicht-weißen Objekte sind keine Schwäne*. Die Beobachtung jedes nicht-weißen Objektes, das kein Schwan ist – etwa eines grünen Schuhs – würde dann die die zweite und damit eben auch die erste Aussage „bestätigen".

Die Falsifikation aber bringt einen Erkenntnisgewinn. Wie wir bei der Suche nach dem einen, unzerstörbaren Luftballon auf alle Luftballons schießen, bis eben der eine übrigbleibt, so falsifizieren wir Theorien. Jeder zerstörte Ballon ist dabei ein Erkenntnisgewinn, so wie jede Falsifikation.

„Der logische Positivismus ist tot! Wer ist der Täter?" überschreibt Popper ein Kapitel in seiner intellektuellen Autobiographie, um dann ganz bescheiden hinzuzufügen: „Ich bekenne, daß ich mich schuldig fühle – zumindest mitschuldig." Er hat nicht ganz Unrecht: Vor Popper war die Suche nach Erkenntnis eine Suche nach Gewissheit. Formulierungen wie „wissenschaftlich belegt" oder „bewiesen" sind Erben dieser positivistischen Tradition, die logischer Blödsinn sind.

Naturgesetze ähneln juristischen Gesetzen. Bei beiden nämlich handelt es sich um Verbote. So bemerkt Daniel Cohnitz über die Naturgesetze in Poppers Theorie: „Sie verbieten, dass bestimmte mögliche Ereignisse auftreten. Stehen unsere Beobachtungen allerdings im Widerspruch zu diesen Verboten, revidieren wir die Gesetze (im Gegensatz zu Gesetzen im juristischen Sinne, wo wir bei Zuwiderhandlungen den Täter bestrafen)."[18] Freilich gibt es den Unterschied, dass wir nicht die Wahrscheinlichkeit der juristischen Gesetze erhöhen, weil sie sonst immer weiter ausgehöhlt und schließlich gar nichts mehr verbieten würden.

Popper verwirft die Induktion – logisch wie auch psychologisch. Stattdessen plädiert er für die Verwendung der Deduktion, für den Schluss vom Allgemeinen zum Besonderen: Eine Theorie wird aufgestellt, dann erst stellt man Beobachtungen an, die gegebenenfalls zu einer Falsifikation führen.

Wegen der Vorschaltung der Theorie hat Popper seine Philosophie den *kritischen Rationalismus* genannt. Nicht, weil es sich um einen Rationalismus im Sinne Descartes' handelt, nach dem wir durch reines Grübeln im stillen Kämmerlein zur absoluten Erkenntnis finden. Nein, Popper benötigt durchaus eine empirische Komponente, nur kommt die Theorie eben zuerst, dann erst folgen Beobachtungen. Popper unterscheidet hier das *Kübelmodell*, bei dem wir nichtssagende Beobachtungen wahllos anhäufen, vom anzustrebenden *Scheinwerfermodell*, bei dem wir von einer Theorie ausgehend aktiv Beobachtungen machen.[19]

Statt „kritischer Rationalismus" hätte Popper seine Methode durchaus auch den *rationalen Empirismus* oder aber auch den *post-theoretischen Empirismus* nennen können. Oder, um uns noch weiter in Begrifflichkeiten

---

[18] Cohnitz, 2005.
[19] Der Text „Kübelmodell und Scheinwerfermodell: zwei Theorien der Erkenntnis" ist enthalten in Band 11 der *Gesammelten Werke in deutscher Sprache*.

zu verstricken, handelt es sich, wie Bryan Magee es einmal ausdrückte, um eine empirische Ontologie mit einer rationalistischen Epistemologie.

Wie man auf seine Theorien kommt, spielt dabei keine Rolle. Laut Popper gibt es keine logische, rationale Methode zu einer Theorie zu gelangen, sie kann durch Beobachtung oder auch durch reine Intuition entstehen. Statt dem Entdeckungszusammenhang interessiert ihn nur der Rechtfertigungszusammenhang: also wie wir Hypothesen begründen.

Eine völlige Willkür in der Theorieaufstellung wird etwa vom britischen Philosophen Bertrand Russell moniert, der das Beispiel eines Irren aufführt, der behauptet, ein Rührei zu sein. Laut Popper mag dies durchaus eine Hypothese sein, die aber leicht zu widerlegen ist. In seinem Spätwerk fügt Popper hinzu, dass wir über angeborene *Erwartungen* verfügten, die uns gewisse Theorien immerhin plausibler erscheinen lassen.

Popper fügt später (1960) noch hinzu, dass Theorien verschiedene Grade der Wahrheitsnähe erreichen können. Er prägt dafür den Begriff der *Verisimilitude*. Er versucht sich an einer Definition, die allerdings nicht überzeugt. Nach erheblichen Kritiken, etwa von Kutschera, aber vor allem von Miller und Tichý, schwächte Popper die *Verisimilitude* erheblich ab und sah sie schließlich eher als intuitives als ein streng definiertes Konzept an. Schließlich gesteht er selbst ein: „Vollständig formalisieren kann man aber den Gedanken eines ernst gemeinten und gut ausgedachten Widerlegungsversuches nicht."[20] Gadenne ist zu Recht der Auffassung, dass dieser Punkt Popper-Kritikern zwar erheblichen Aufwind gab, macht

---

[20] Logik, S. 354.

aber zugleich darauf aufmerksam, dass es kein entscheidender Aspekt seiner Theorie ist: „Im Unterschied zu den Kritikern dieser Idee meine ich aber, dass die aufgezeigten Probleme viel weniger Gewicht haben, als diese annehmen. Warum genügt nicht ein qualitativer Begriff eines ernstzunehmenden oder strengen Tests ... ?[21]

Problematischer ist die von Popper geforderte Verteidigung von Theorien mit Hilfshypothesen. Denn die Grenzen zur Immunisierung verlaufen dabei fließend und sind ausgesprochen schwierig zu erkennen – sicherlich eine der größten Schwierigkeiten in Poppers gesamtem Opus.

Entscheidend für Popper ist zudem das Abgrenzungskriterium, das aus seiner Beschäftigung mit dem Sinnkriterium des Wiener Kreises entstanden ist. Popper grenzt hier Wissenschaft von Nichtwissenschaft ab: Wissenschaftlich ist eine Theorie dann, wenn ihre Aussagen falsifizierbar sind und ihr Inhalt kühn ist. Die Theorie muss also zum einen klar und deutlich formuliert sein, damit sie widerlegbar ist. Popper selbst hat sich daran akribisch gehalten und Arthur Schopenhauer und Bertrand Russel als glühende Vorbilder verehrt. Zudem muss sie ehrgeizig sein: die Praxis dient Popper „als Sporen wie als Zügel".

In seiner Theorie geht Popper von der Existenz einer absoluten Wahrheit aus, was ihn erheblich von den Verfechtern einer eher soziologischen Wissenschaftstheorie unterscheidet, etwa von Thomas Kuhn oder Paul Feyerabend. Wahrheit ist aber nicht das einzige Ziel der Wissenschaft, sondern auch die Problemlösung.

Der Aspekt der Kühnheit mag auf den ersten Blick etwas trivial erscheinen. Doch der Schein trügt, was man

---

[21] Gadenne, 2004, S. 66.

daran feststellt, dass die gegenteilige Auffassung ebenso einleuchtend ist (oft ein guter Indikator für scheinbare Trivialität): Rudolf Carnap etwa plädierte in seiner *Theorie der Bestätigung* dafür, stets die relativ wahrscheinlichere Hypothese vorzuziehen. Für Popper aber ist eine Theorie dann besser, wenn sie unwahrscheinlicher ist. Denn je unwahrscheinlicher eine Theorie ist, desto gehaltvoller ist sie, da sie neue Erkenntnisse liefert und die Erkenntnis auf eine höhere Stufe hievt.

Wohlgemerkt versteht Popper sein Abgrenzungskriterium nicht als Definition von Wissenschaft, sondern als Vorschlag für eine Konvention. Zwar ist Popper der Auffassung, dass wir von Natur aus dazu neigen, Versuch und Fehlerausmerzung zu betreiben, doch ist seine Wissenschaftstheorie dennoch präskriptiv. Poppers Ideen liefern also, wie der Philosoph Reinhard Neck schreibt, „Handlungsanweisungen und zeigen nicht, wie tatsächlich Wissenschaft in der Vergangenheit oder in der Gegenwart betrieben wurde bzw. wird."[22] Auch das unterscheidet Popper wiederum von den eher deskriptiven Theorien Kuhns und Feyerabends.

Zentrales Element des kritischen Rationalismus ist also die Erkenntnis, dass es sicheres Wissen nicht geben kann. Denn eine Theorie kann *niemals* verifiziert werden, sie kann höchstens als *vorläufig bewährt* betrachtet werden. Entsprechend äußert sich Gérard Radnitzky: „Wenn ich aufgefordert würde, den Kern des Kritischen Rationalismus in einem kurzen Satz zusammenzufassen, dann würde ich anbieten: ‚Nichts dogmatisieren!'."[23] Helmut Spinner spricht in diesem Zusammenhang von

---

[22] Neck, 2009, S. 95.
[23] Radnitzky, 1995, 10.

Poppers *kategorischem Imperativ der Kritik*.[24] Herbert Keuth präzisiert es und sieht die Anwendung des kritischen Rationalismus in der Gestalt von Vernunft als eine Offenheit für Kritik an allem: „nicht nur Aussagen sind kritisierbar, sondern auch Forderungen und Werturteile."[25] Für Zimmer und Morgenstern handelt es sich beim kritischen Rationalismus gar um „die wichtigste Form, die sich die Aufklärung im Kontext der Moderne gegeben hat."[26]

Popper entwickelte seine Gedanken im Rahmen der Wissenschaftstheorie. Doch sind sie auf viele Bereiche anwendbar. Diese Universalität ist für Popper von größter Bedeutung, so schreibt er: „Für den Naturwissenschaftler ist die Spezialisierung eine Versuchung; für den Philosophen ist sie eine Todsünde."[27]

In der Finanzindustrie können Fonds so strukturiert sein, dass sie auf unvorhergesehene Ereignisse – also auf schwarze Schwäne – spekulieren, wie sie der Hedgefonds-Manager Nassim Nicholas Taleb aufsetzt. Poppers Theorie kann gar auf das Liebesleben angewandt werden: Jede Liebebeziehung stellt die These auf, dass es sich um die ideale Beziehung handelt. Doch kann sie falsifiziert werden, wenn etwa Unvereinbarkeiten bezüglich des Charakters oder der Lebensplanung festgestellt werden. Nach Hilfshypothesen, die dazu dienen können, der Falsifikation zu entgehen (z.B. „Der Partner ist momentan gestresst."), kann es zur Widerlegung der These kommen – nun hält man nach einer neuen „Theorie" Ausschau.

---

[24] Der sehr treffende Ausdruck stammt von Helmut Spinner (1978, S. 104).
[25] Keuth, 2011, S. XXI.
[26] Zimmer und Morgenstern, 2015, S. 181.
[27] Vermutungen, S. 211.

Die Anwendung auf die Staatstheorie hat Popper selbst vorgenommen und sie ist Gegenstand des vorliegenden Buches.

Poppers politische Philosophie

Einleitung

Poppers Nachfolger an der LSE, John Watkins, hält es für den Kern des kritischen Rationalismus in der Politik, dass hier der Wettstreit unterschiedlicher Theorien zugelassen wird – jedenfalls im Rahmen einer Demokratie. Mit seinen politischen Hauptwerken *Das Elend des Historizismus* und *Die Offene Gesellschaft und ihre Feinde* wendet Karl Popper seinen kritischen Rationalismus konsequent auf die Sozialwissenschaften an: „Beide wuchsen aus der Erkenntnistheorie der Logik der Forschung heraus, und aus meiner Überzeugung, dass Ideen, deren wir uns oft gar nicht bewusst sind, wie insbesondere unsere Ideen über die menschliche Erkenntnis und deren zentrale Probleme (‚Was können wir wissen?', ‚Wie gewiss ist unser Wissen?'), für unsere Einstellung zu uns selbst und zur Politik entscheidend sind."[28]

Doch geschah das wohl nicht bewusst. In einem Interview antwortet Popper auf eine entsprechende Frage: „Ich habe diese Analogie, von der Sie sprechen, natürlich bemerkt. Aber ich habe sie erst nachher bemerkt. Ich bin nicht von meiner Erkenntnistheorie ausgegangen und hab' die Erkenntnistheorie da anwenden wollen."[29]

---

[28] Ausgangspunkte, S. 163.
[29] Zimmermann, 1989.

Für die Staatstheorie bedeutet Poppers zentrale Doktrin, dass kein noch so großer Führer jemals über sicheres Wissen verfügen kann. Passend dazu sind auf den Umschlägen der englischen Taschenbuchausgabe der *Offenen Gesellschaft* auf dem ersten Band ein Hammer, auf dem zweiten Band Scherben abgebildet. Poppers politisches Werk ist daher zu einem Großteil eine Zerstörung, nämlich die Demontage vermeintlicher Propheten: „Ich halte die Zerstörung der Ehrfurcht vor den großen Namen, der großen intellektuellen Autoritäten für eine der nötigen Voraussetzungen für die Genesung der Menschheit." Er plädiert dafür, dass „das prätentiöse, mit dem der Betrieb der Philosophie verherrlicht wird, verschwinden muss."[30]

In dem zweibändigen, geradezu monumentalen Werk *Die Offene Gesellschaft und ihre Feinde* nimmt Popper die Ideengeschichte totalitärer Systeme unter die Lupe. Damit betrachtet er die Tradition totalitärer Staatstheorien und zeigt auf, welche falschen Annahmen ihnen zugrunde liegen.

Gemeinhin wird dieses Werk als Poppers politisches Hauptwerk bezeichnet, was wohl nur dadurch zu erklären ist, dass kaum jemand das knapp tausendseitige Werk gelesen hat. Zwar ist es in klarer Sprache verfasst – wegen seiner absurd ausführlichen Anmerkungen und seinen detaillierten Attacken auf die ‚Feinde', namentlich auf Platon, Hegel und Marx, ist es allerdings müßig zu lesen. Die Orientierung an diesen Kontrahenten stellt wohl seine größte Schwäche dar. Denn es ist schwierig,

---

[30] So in einem Brief an seinen Freund Fritz Hellin vom 29. Juni 1943 (einsehbar in den *Harvard University Archives*; vgl. Notturno, 1999, S. 45 f.).

Popper in seinen teilweise sehr detaillierten Kritiken zu folgen, ohne mit den Gedanken der Gegner bestens vertraut zu sein.

Holisten, Historizisten, Essentialisten – Popper versah seine Gegner gerne mit eigenwilligen Etiketten, beschrieb ihre Position detailliert und machte sich dann an ihre Demontage. Helmut Spinner vergleicht dieses Vorgehen mit dem eines Boxers, der seinen Gegner so platziert, dass er schließlich den entscheidenden K.O.-Treffer optimal landen könne. Wer sich auskannte, wie etwa Ronald Levinson, der eine vielbeachtete Verteidigung Platons verfasste (*In Defense of Plato*), hielt Popper zuweilen für einen Dilettanten, der seine Feinde karikaturhaft darstellt.

Wohlgemerkt behandelte Popper seine philosophischen Feinde Platon und Marx durchaus mit Respekt (Hegel nicht). Wie bereits erwähnt, war Popper selbst eine Zeitlang Marxist und bezeichnet sich noch bis in die 1930er Jahre als demokratischen Sozialisten.[31] In seinem Werk behandelt Popper Marx mit großem Respekt vor seiner Menschlichkeit, so schreibt er:

„Marx versuchte; und obgleich er in seinen Hauptlehren irrte, war sein Versuch doch nicht vergeblich. Er öffnete unsere Augen und er schärfte unseren Blick für viele neue Fragen. ... Man kann Marx nicht gerecht werden, ohne seine Aufrichtigkeit zuzugestehen. ... Marx hatte ein brennendes Verlangen, den Unterdrückten zu helfen .... Er war ein echter Wahrheitssucher."[32] Erst in der deutschen Ausgabe der *Offenen Gesellschaft* von 1965 fügt er eine Bemerkung ein zu Leopold Schwarzschilds

---

[31] Zimmer und Morgenstern, 2015, S. 20.
[32] OG II, S. 96 f.

Buch *Der rote Preuße* (1954). Dieses Buch, so Popper, zeige, dass Marx wohl weit weniger menschenliebend und uneigennützig war, als er ursprünglich angenommen hatte, Schwarzschilds Beweismaterial sei „niederschmetternd".[33] Ein später Sinneswandel, der so manchen seiner liberalen Anhänger diebisch freute. Platon hingegen erkannte Popper trotz seiner erheblichen Kritik zeitlebens als größten Philosophen an, der je gelebt habe.

Inwieweit Poppers Kritik an Platon, Hegel und Marx nun treffend ist oder nicht, ist äußerst umstritten, lenkt aber die Aufmerksamkeit in die falsche Richtung. Poppers eigene Staatstheorie rückt dadurch in den Hintergrund – woran er selbst die Schuld trägt. Entsprechend schreibt sein Schüler Bryan Magee: „Statt seine wichtigsten Argumente direkt zu präsentieren, hat er sie entfaltet, während er die Ideen anderer Leute diskutierte, besonders die Platons und Marx', mit dem Ergebnis, dass die meisten Wissenschaftler nach der Beschäftigung mit dem Buch dachten, dass es von Platon und Marx handle. Er müsse wirklich damit aufhören, sagte ich. Seine Ideen waren immens wichtig, aber er präsentierte sie auf eine Weise, die fast sicher zu Missverständnissen führen würde."[34]

Zu seiner eigenen politischen Theorie äußert sich Popper unübersichtlich und verworren. Es ist vielleicht verständlich, wenn man Poppers Darstellung der Entstehungsgeschichte des Werkes näher betrachtet: „Ich hatte das Buch unter sehr schwierigen Umständen geschrieben; die Bibliotheken in Neuseeland waren damals nicht sehr gut, und ich musste eben mit den Büchern, die mir zu-

---

[33] OG II, S. 494.
[34] Magee, 1997, S. 231; eigene Übersetzung aus dem Englischen.

gänglich waren, zurechtkommen. Ich hatte viel zu viele Vorlesungen zu geben, und die Universitätsbehörden versagten mir nicht nur jede Hilfe, sondern versuchten, mir aktiv Schwierigkeiten zu machen. Man sagte mir, dass ich gut daran täte, während meines Aufenthalts in Neuseeland nichts zu publizieren, und dass die Zeit, die ich mit Forschungen verbrächte, ein Diebstahl sei an meiner Arbeitszeit als Dozent, für die ich bezahlt werde."[35] Seine Frau Hennie tippte emsig und ein englischsprachiger Student las Korrektur.

Diese äußeren Aspekte erklären den wirren Aufbau des Buches zumindest teilweise. Doch auch die innere Entstehungsgeschichte lässt die Unordnung verstehen. Denn das Werk entstand aus Bemerkungen, die eigentlich in *Das Elend des Historizismus* eingefügt werden sollten. Entsprechend ist dieses frühere Werk das bedeutendere. Auch dieses deutlich kürzere Werk besteht zwar ebenfalls zu einem großen Teil aus der Kritik an für Popper unhaltbaren Positionen, doch beschreibt Popper hier wichtige Punkte seiner eigenen Staatstheorie relativ systematisch.

Interessant ist die Wahrnehmung seines eigenen Werkes. Popper arbeitete an seiner Staatstheorie nicht aus akademischem Interesse, sondern er war überzeugt davon, damit die Welt zu verändern. Zielgruppe für sein Werk *Die offene Gesellschaft und ihre Feinde* mit den abertausenden von Fußnoten waren nicht etwa Philosophen, sondern die breite Öffentlichkeit, weshalb das Werk ursprünglich *A Social Philosophy for Everyman* genannt werden sollte. Tatsächlich war Popper von der Sprengkraft seiner Gedanken derart fest überzeugt, dass

---

[35] Ausgangspunkte, S. 169.

er auf die Veröffentlichung des Werkes drängte, um das Kriegsgeschehen noch beeinflussen zu können.

Es sollte erst kurz nach Endes des zweiten Weltkrieges erscheinen, womit die Angelegenheit für Popper eigentlich erledigt war. So schrieb er schon 1944 in einem Brief an Ernst Gombrich, dass er bald vorhätte, „die politische Philosophie aufzugeben und zur praktischen Methodologie zurückzukehren, besonders der der Naturwissenschaften."[36]

Popper war zeitlebens vor allem an wissenschaftstheoretischen Fragen interessiert. Und doch ist er in der Öffentlichkeit vor allem als politischer Philosoph bekannt. In der englischsprachigen Welt war Popper, bis er Ende fünfzig war, tatsächlich ausschließlich als politischer Philosoph bekannt. Denn bis dahin war die *Logik der Forschung* lediglich auf Deutsch erschienen; erst im Jahre 1959 lag die (erheblich erweiterte) englische Übersetzung vor. Damit hat sich Popper selbst ein Bein gestellt. Denn zum einen galt er als politischer Philosoph und wurde zu entsprechenden Veranstaltungen eingeladen, obwohl sein Hauptinteresse bei der Wissenschaftstheorie lag; zum anderen konnte ohne die Kenntnis seiner Wissenschaftstheorie seine politische Philosophie gar nicht richtig verstanden werden.

Tatsächlich interessierte sich Popper kaum für Tagespolitik und las auch keine Zeitung. Bryan Magee erinnert sich: „Er wusste, dass wenn irgend etwas wichtiges geschehen würde, seine Freunde es ihm berichten würden …"[37] Erst in seinen Achtzigern begann Popper wie-

---

[36] Gombrich, 1999, 24; eigene Übersetzung aus dem Englischen.
[37] Magee, 1997, S. 254; eigene Übersetzung aus dem Englischen.

der, sich mit Politik zu beschäftigen, und verfasste zahlreiche Aufsätze. Diese neuen Arbeiten greifen zumeist auf Gedanken zurück, die Popper bereits in seinen frühen Werken entwickelt hat. Vor allem sind es vier Säulen, die Poppers Staatstheorie ausmachen: seine Betrachtung des Totalitarismus, die Stückwerk-Sozialtechnik, seine Demokratietheorie und schließlich seine Gedanken zur Stammesromantik.

1. Der Totalitarismus und sein Ursprung

Einer der Ursprünge allen totalitären Übels ist für Popper der *Historizismus*. Dieser geht von einem Schlüssel der Geschichte aus, der entdeckt werden müsse. Laut Karl Popper ist der Totalitarismus die Umsetzung einer politischen Utopie, die ihren Ursprung im Holismus hat – dem Kern des Historizismus. Es verhält sich also chronologisch folgendermaßen: Holismus → Utopie → Totalitarismus. Dazu der Reihe nach:

Holismus → Utopie → Totalitarismus

Der Verfechter des nach Popper benannten Holismus sieht alles Lebendige ganzheitlich als eine Art Organismus. Daher hält er es für verfehlt, nur einzelne Phänomene der Gesellschaft zu untersuchen. Vielmehr verlangt er von der Soziologie, die Gesellschaft in ihrer *Ganzheit* zu studieren. Er sieht die Geschichte als „eine Geschichte der ‚Zustände der Gesellschaft', die ‚das Ganze des sozialen Organismus' oder ‚alle sozialen und geschichtlichen Ereignisse einer Epoche' repräsentiert."[38]

---
[38] Elend, S. 64.

Der Holist ist auf der Suche nach dem Schlüssel zur Geschichte, der – da er das Schicksal der Menschheit sozusagen erklärt – auch den Weg in die Zukunft weist und die gesamte Entwicklung der Menschheit entschlüsselt. Sein unbescheidenes Ziel ist es dementsprechend, „die Gesellschaft als Ganzes' nach einem feststehenden Gesamtplan um[zu]modeln".[39] Typisch für ihn ist, dass er „mit geschichtlichen Kräften", die nicht aufzuhalten sind, droht, „die eine utopische Planung angeblich unvermeidlich machen."[40] Bezeichnend für diesen Holismus schreibt Marx im Vorwort zum Kapital: „Auch wenn eine Gesellschaft dem Naturgesetz ihrer Bewegung auf die Spur gekommen ist ... kann sie naturgemäße Entwicklungsphasen weder überspringen noch wegdekretieren. Aber sie kann die Geburtswehen abkürzen und mildern."[41]

Dieser holistische Ansatz ist laut Popper aber unhaltbar, da wir komplexe Zustände niemals vollständig erfassen können: „Es ist uns nicht möglich, ein ganzes Stück der Welt oder ein ganzes Stück der Natur zu beschreiben, ja nicht einmal das kleinste ganze Stück lässt sich so beschreiben, denn jede Beschreibung ist notwendig selektiv."[42] Niemals können wir „Ganzheiten im Sinne von Totalitäten"[43] erfassen. Es gibt sie nicht, „die Geschichte der Menschheit".[44] Vielmehr gibt es „nur eine unbegrenzte Anzahl von Geschichten, die alle möglichen

---

[39] Elend, S. 54.
[40] Elend, S. 65.
[41] Zitiert nach Elend, S. 41.
[42] Elend, S. 62.
[43] Elend, S. 62.
[44] OG II, S. 317.

Aspekte des menschlichen Lebens betreffen."[45] Jede geschriebene Geschichte ist die Geschichte eines bestimmten engen Ausschnitts, eines Aspekts dieser ‚Gesamtentwicklung'. Und sogar von diesem besonderen beschränkten Aspekt aus gesehen ist sie eine sehr unvollständige Geschichte."[46]

Popper stellt damit die Herangehensweise der traditionellen Historiker in Frage: niemals können wir von *der Geschichte* reden. Daher können wir auch *die Gesellschaft* nicht als Ganzes erfassen, weder die vergangene, noch die gegenwärtige. Und schon gar nicht die zukünftige, denn der holistische Glaube an geschichtliche Kräfte und eine feststehende Zukunft ist laut Popper logisch unmöglich. Er widerlegt den Holismus in der Einleitung zum *Elend des Historizismus* mit wenigen Sätzen:

[1.] „Der Ablauf der menschlichen Geschichte wird durch das Anwachsen des menschlichen Wissens stark beeinflusst. …

[2.] Wir können mit rational-wissenschaftlichen Methoden das zukünftige Anwachsen unserer wissenschaftlichen Erkenntnisse nicht vorhersagen. …

[3.] Somit können wir den zukünftigen Verlauf der menschlichen Geschichte nicht vorhersagen."[47]

Die Geschichte wird also durch neu gewonnenes Wissen und neue Erfindungen stark beeinflusst. Doch können wir nun einmal nicht vorwegnehmen, was wir erst in der Zukunft wissen werden.

So wurde etwa das 20. Jahrhundert fundamental beeinflusst durch die Erfindung des Automobils. Um das

---

[45] OG II, S. 317.
[46] Elend, S. 64 f.
[47] Elend, S. XI f.

Leben im 20. Jahrhundert einhundert Jahre zuvor vorherzusehen, hätte man also wissen müssen, dass das Automobil erfunden würde und auch, wie es ankommen und das Leben der Menschen beeinflussen würde – eine Unmöglichkeit.

Holismus → **Utopie** → Totalitarismus

Der Holist beschäftigt sich also mit dem Schlüssel zum Verständnis der Welt, der Utopist möchte diesen nun für seine schöne, neue Welt umsetzen. Utopisch ist für Popper diejenige Gesellschaftsplanung, die auf holistischen „Erkenntnissen" beruht.[48] Auf Basis der holistischen Erkenntnisse, die ihm einen angeblich *absoluten* Einblick verschaffen, hat der Utopist das unbescheidene Ziel, die gesamte Gesellschaft völlig neu aufzubauen und die perfekte neue Welt auf dem Reißbrett zu erschaffen.

Doch abgesehen von der Unmöglichkeit des Wissens über die Zukunft ist eine solch universale Planung überhaupt nicht durchführbar. Denn der Begriff der Gesellschaft beinhaltet „natürlich alle sozialen Relationen einschließlich der persönlichen, die einer Mutter zu ihrem Kind ebenso wie die einer Fürsorgerin zu beiden. Aus vielen Gründen ist es völlig unmöglich, alle oder ‚fast alle' dieser Beziehungen zu lenken, denn mit jeder neuen Lenkungsinstanz für soziale Beziehungen schafft man eine Unmenge neuer sozialer Beziehungen, die ihrerseits zu lenken sind. Kurz, die Unmöglichkeit ist eine logische."[49] Auch wenn der Utopist noch so wohlwollend sein sollte, so ist es *„unvernünftig, anzunehmen, dass eine völlige*

---

[48] Elend, S. 67.
[49] Elend, S 63 f.

Rekonstruktion unserer sozialen Welt sogleich zu einem arbeitsfähigen System führen wird."[50]

Vom Rad bis hin zum Auto gibt es wohl kaum eine Erfindung, die gemäß dem ersten Bauplan perfekt war. Auch hochqualifizierte Experten stoßen bei großen Projekten regelmäßig auf Unvorhergesehenes und müssen immer wieder die Planung ändern, um sich den neuen Gegebenheiten anzupassen. Wenn die Planung schon bei einzelnen Projekten derart unwägbar ist, wie erst soll es sich dann bei der Planung einer ganzen Gesellschaft verhalten, die alle Belange – körperliche wie psychische, darunter alle sozialen Beziehungen – vollständig erfassen und vorhersagen will? Am Schreibtisch ist eine neue, wunderbare Welt nicht zu erschaffen.

Holismus → Utopie → **Totalitarismus**

Sobald sich der Utopist, mit seinem holistischen Scheinwissen gewappnet, an die Umsetzung der „perfekten" Gesellschaftsform macht, muss er seinen Plan konsequent und rücksichtslos verfolgen: „Denn jeder Versuch, langfristig in sehr großem Maßstab zu planen, bringt zwangsläufig für viele Leute, gelinde gesagt, beträchtliche Unannehmlichkeiten mit sich."[51] Popper zitiert Lenin: „Man kann kein Omelett machen, ohne Eier zu zerbrechen."[52]

Kritik muss in den Augen der Utopisten der Ignoranz derer entspringen, die das große Ganze nicht verstehen. Wenn sie die unerschütterlichen Gesetze und den natürlichen Verlauf auch nicht verhindern können, so kann eine Opposition doch zum lästigen Störfaktor werden. Jeg-

---
[50] OG I, S. 199; Hervorhebung im Original.
[51] Elend, S. 71.
[52] OG I, S. 190.

liches Hindernis aber auf dem Weg zur schönen neuen Welt muss beseitigt werden. Die unerschütterlichen Gesetze, an die die Planer glauben, verbieten die Rücksicht auf jegliche Verluste. Laut Popper aber darf keine Generation gezwungen werden, zum Wohle einer anderen ein schlechtes Leben zu führen.[53] Doch der Utopist geht noch weiter: Um diese wunderbare neue Welt zu konstruieren, ist gar alles Bestehende loszuwerden, da es noch aus der Zeit vor dem absoluten Wissen stammt. Und so beginnt der *Totalitarismus.*

Es ist bezeichnend für den Totalitarismus, eine ‚allgemeine', für alle geltende Glückseligkeit heraufbeschwören zu wollen, also die Zwangsbeglückung für alle Bürger. Vermeintliche Liebe in der Politik aber ist für Popper eine große Gefahr. Denn „Einen Menschen lieben", so schreibt er „bedeutet, dass man ihn glücklich machen will. ... Aber von allen politischen Idealen ist der Wunsch, die Menschen glücklich zu machen, vielleicht der gefährlichste." Und ein solcher Wunsch „führt unvermeidlich zu dem Versuch, anderen Menschen unsere Ordnung ‚höherer' Werte aufzuzwingen, um ihnen so die Einsicht in Dinge zu verschaffen, die uns für ihr Glück am wichtigsten zu sein scheinen; also gleichsam zu dem Versuch, ihre Seelen zu retten."[54] Denn „der Versuch, den Himmel auf Erden einzurichten, erzeugt stets die Hölle. Dieser Versuch führt zu Intoleranz, zu religiösen Kriegen und zur Rettung der Seelen durch die Inquisition."[55]

Wir können nicht wissen, was unser Gegenüber glücklich macht. Es ist daher keineswegs unsere Pflicht, andere

---

[53] OG I, S. 191 f.
[54] OG II, S. 277.
[55] OG II, S. 277.

zu beglücken, „denn dies hängt nicht von uns ab und bedeutet außerdem nur zu oft einen Einbruch in die private Sphäre jener Menschen, gegen die wir so freundliche Absichten hegen."[56] Wenn wir noch nicht einmal verstehen, was unser Gegenüber glücklich macht, ist es praktisch unmöglich, „über einen Idealstaat vernünftig zu diskutieren. ... Das soziale Leben ist so kompliziert, dass wahrscheinlich niemand fähig ist, den Wert eines Bauplans für soziale Maßnahmen im großen Maßstab richtig einzusetzen; ob er praktisch ist; ob er zu einer wirklichen Verbesserung führen kann; welche Leiden aller Wahrscheinlichkeit nach mit ihm verbunden sein werden und welches die Mittel zu seiner Verwirklichung sein könnten."[57]

Umgekehrt aber ist es viel leichter: „Dass es soziale Übel gibt, das heißt soziale Zustände, unter denen viele Menschen zu leiden haben, ist etwas, was sich verhältnismäßig leicht feststellen lässt: die, die leiden, können aus eigener Erfahrung urteilen, und die andern können kaum sagen, dass sie gerne mit jenen tauschen würden."[58]

Laut Popper soll der Politiker daher „nicht dem höchsten Gut nachspüren und sich für seine Verwirklichung einsetzen."[59] Stattdessen soll er das *Leid* ausfindig machen und sein Handeln danach ausrichten, dieses zu mindern. Für Popper ist es ersichtlich, „ ... dass jede Generation von Menschen, also auch die jetzt lebende, ihre berechtigten Ansprüche hat; vielleicht nicht so sehr einen Anspruch auf Glück – denn es gibt keine institutionellen Mittel, um einen Menschen glücklich zu machen – aber

---

[56] OG II, S. 277.
[57] OG I, S. 189.
[58] OG I, S. 189.
[59] OG I, S. 188.

doch einen Anspruch, nicht unglücklich gemacht zu werden, soweit das überhaupt vermeidbar ist."⁶⁰

Und es ist unsere Pflicht, „denen zu helfen, die unsere Hilfe brauchen ... Die politische Forderung nach schrittweise aufbauenden Methoden (im Gegensatz zu utopischen) entspricht der Entscheidung, dass der Kampf gegen das Leiden Pflicht ist, während das Recht, sich um das Glück anderer zu sorgen, als ein Privileg betrachtet werden muß, das auf den engen Kreis ihrer Freunde beschränkt bleibt ... Somit können wir sagen: Helft euren Feinden; steht denen bei, die sich in Not befinden, auch wenn sie euch hassen; aber liebt nur eure Freunde!"⁶¹ Popper lehnt also die Errichtung einer glücklichen Gesellschaft rigoros ab und plädiert stattdessen für die Verminderung von Leid, also einen *negativen Utilitarismus*.⁶²

Diskussion

Poppers Argument, dass wir die Zukunft nicht vorhersagen können, weil wir sie dann selbst erfinden müssten, ist schlagend. Denn hätte man etwa den Alltag von Milliarden Menschen im Jahr 2017 vorhersagen wollen, hätte man Facebook & Co. vorhersagen und damit praktisch selbst erfinden müssen – geschweige denn ihre Wirkung auf die Weltbevölkerung. Über die Zukunft können wir also nicht orakeln und auch großangelegtes Planen funktioniert nicht. Sogar Heerscharen hochqualifizierter

---

60 OG I, S. 188.
61 OG II, S. 278.
62 Näher dazu Nasher-Awakemian, 2009, S. 66 ff.

Experten von Ingenieuren, Planern und Handwerkern scheitern bei architektonischen Projekten wie der Elbphilharmonie in Hamburg oder dem Berliner Flughafen regelmäßig und müssen die Planung immer wieder umstellen. Hans-Joachim Niemann schreibt: „Es ist nicht einmal möglich, in einem einzigen Anlauf relativ einfache Dinge wie ein Radio oder ein Auto zu konstruieren. … Immer handelt es sich um eine lange Reihe von Versuchen, bei denen man durch wiederholte Konstruktionen, durch Kritik und Fehlerbeseitigung auf quasi evolutionäre Weise zu immer besseren und schließlich brauchbaren Ergebnissen kommt. … Der ursprüngliche Bauplan ist bei komplexen Vorhaben am Ende immer völlig umgearbeitet worden und kaum noch wiederzuerkennen."[63] Wie soll dann eine gesamte Gesellschaft geplant werden? Damit zerschlägt Popper nebenbei auch jegliche Verschwörungstheorien: es *kann* gar keine Weltenlenker geben, die alles planen und vorhersehen.

Der Denker Nassim Nicholas Taleb hält Poppers Argumentation für grundlegend und erweitert sie dahingehend, dass wir nicht nur nicht die Zukunft, sondern auch die Vergangenheit nicht bestimmen können. Er schildert ein Gedankenexperiment mit einem Eiswürfel:[64] Wenn wir einen Eiswürfel auf einem Tisch platzieren, können wir eine relativ genaue Hypothese darüber aufstellen, wie er sich in der nächsten Stunde bei Zimmertemperatur verhalten wird. Sehen wir stattdessen aber lediglich eine kleine Pfütze, so ist es deutlich schwieriger, zu rekonstruieren, wie diese eine Stunde zuvor noch aussah.

---

[63] Niemann, 1994, S. 57 ff.
[64] Taleb, 2007, S. 196 f. Taleb schreibt das Gedankenexperiment Aaron Brown und Paul Wilmott zu.

Insofern ist es sogar schwieriger, die Vergangenheit zu bestimmen – der Holismus ist also in jede Richtung der Zeitachse unmöglich.

In diesem Sinne wendet sich Popper auch gegen das, was er *moralischen Futurismus* nennt, also die Einstellung, dass die Geschichte urteilen soll, ob X oder Y gut oder schlecht war. Denn danach wäre das gut, „was seiner Zeit vorauseilt, in dem es den Wertmaßstäben entspricht, die die kommende Epoche an das menschliche Handeln legen wird."[65]

Ein Leben für eine strahlende Zukunft, zum Wohle der nächsten Generation, hält Popper für unmoralisch. Der polnische Philosoph und langjähriger Bürger eines kommunistischen Staates Adam Chmielewski schreibt dazu: „Das, wie wir alle wissen, wurde fortlaufend und trügerisch von den Kommunisten betrieben, die stets auf vorübergehende Opfer bestanden, die sich bald – oder nur ein wenig später – lohnen würden; und, als Folge hatten wir ständig unseren Gürtel enger zu schnallen, für das Wohlergehen der folgenden Generationen."[66]

Der Totalitarismus ist nach Popper die Folge des Glaubens an die Utopie, der wiederum auf dem Holismus basiert. Popper hat gezeigt, dass der Holismus von falschen Prämissen ausgeht und er hat auf die totalitären Konsequenzen des Utopismus aufmerksam gemacht – ganz gleich, was das Ziel der jeweiligen Utopie auch sein mag. „Liebe" in der Politik führt zu gefährlicher Zwangsbeglückung. Bereits der von Popper sehr geschätzte schottische Philosoph David Hume erkannte die Asymmetrie von

---

[65] Elend, S. 43.
[66] Chmielewski 1999, S. 173; in: Jarvie und Pralong, 1999; eigene Übersetzung aus dem Englischen.

Glück und Elend, so schreibt er in seinen 1779 erschienen *Dialogues Concerning Natural Religion*: „Alle Güter des Lebens vereint machen nicht einen gar glücklichen Mann; aber alle Übel vereint machen wohl einen ganz elenden …. Wenn ein Fremder plötzlich in diese Welt hineinversetzt würde, so würde ich ihm, als ein Beispiel ihrer Übel, ein Krankenhaus voll von Kranken, ein Gefängnis gefüllt mir Verbrechern und Schuldnern, ein Schlachtfeld übersät mit Leichnamen, eine Flotte versinkend im Ozean, ein Volk daniederliegend unter Tyrannei, Hungersnot oder Pestilenz zeigen. Um die heitere Seite des Lebens hervorzukehren und ihm einen Begriff von seiner Lust zu geben, wohin sollte ich ihn führen? Auf einen Ball, in eine Oper, an einen Hof? Er möchte wohl meinen, dass ich ihm bloß eine andere Art von Elend und Sorge zeige."[67]

Einfacher ausgedrückt: Geld macht nicht glücklich, aber Armut macht unglücklich. Deshalb muss die Politik, statt Glück zu suchen, vielmehr Leid bekämpfen, was zum einen leichter zu erkennen ist und zum anderen dem Bürger ein freies, selbstbestimmtes Leben ermöglicht.

Poppers durchweg negative Beurteilung von Utopien ist auf so manche Kritik gestoßen. Der deutsche Philosoph Hans Albert etwa bemerkte, dass Utopien durchaus ihr Gutes haben, solange sie als eine Kritik am *status quo* betrachtet werden und dadurch zu Verbesserungen führen.[68] Die Utopie kann also ein fernes Ziel sein, so wie auch in Poppers Wissenschaftstheorie die Wahrheit das Ziel ist. Diese Idee der Utopie im Sinne einer regulativen Idee wurde vom Schweizer Schriftsteller Max Frisch for-

---

[67] Hume 1993, S. 83.
[68] Albert, 1968.

muliert: „Eine Utopie ist dadurch nicht entwertet, dass wir vor ihr nicht bestehen. Sie ist es, was uns im Scheitern noch Wert gibt. Sie ist unerlässlich, der Magnet, der uns zwar nicht von diesem Boden hebt, aber unserem Wesen eine Richtung gibt in schätzungsweise 25 000 Alltagen."[69] Entsprechend argumentiert der deutsche Philosoph Hans-Joachim Niemann, dass viele Ideen, die heute realisiert sind, wie etwa ein internationaler Gerichtshof, vor kurzer Zeit noch als utopisch galten.[70]

Doch plädiert Popper keineswegs für eine politische Resignation, entsprechend schreibt Eberhard Döring treffend über Poppers Ablehnung der Utopie: „Damit soll jedoch keinem pessimistischen oder resignativen Verzicht auf demokratisches Engagement das Wort geredet, sondern nur den sozialphilosophischen Höhenflügen nach Utopia der Flügel gestutzt werden."[71] Tatsächlich handelt es sich hier lediglich um eine Begriffsverwirrung. Wenn Popper den Begriff „Utopie" verwendet, spricht er von einem holistischen Idealbauplan einer neuen Gesellschaft. Ehrgeizige Ziele aber verbietet Poppers Staatstheorie keineswegs, wenngleich sie ihm suspekt sind. Denn anders als in den Naturwissenschaften, in denen die Idee der Wahrheit Ansporn und Motivation ist, stellt sie in der Politik eine zu große Gefahr dar. Im Glauben an die ‚große Sache', die so weit entfernt ist, dass man gar nicht feststellen kann, ob man sich ihr tatsächlich nähert, heiligt der Zweck bald die Mittel.[72] So zieht Popper die bescheidene Devise vor: „Arbeite lieber für die Beseitigung von

---

[69] Frisch, 1976.
[70] Niemann 1994, S. 59 f.
[71] Döring 1996, S. 32.
[72] Vgl. OG I, S. 191 f.

konkreten Missständen als für die Verwirklichung abstrakter Ideale."[73] Ironischer Weise haftet Poppers Ideal der offenen Gesellschaft ebenfalls etwas Utopisches an: es gibt sie nicht, die Menschheit, die nur durch die Vernunft geleitet wird.

Popper bezieht sich in seiner Kritik immer wieder auf Marx und damit auf den Kommunismus. Über die Nationalsozialisten verliert er wenig Worte, obwohl Adolf Hitler in *Mein Kampf* die zwei folgenden Punkte als die wichtigsten seiner frühen Entwicklung (mit dieser sonderbaren Hervorhebung) betrachtet:

„Erstens: ich wurde Nationalist.
Zweitens: ich lernte Geschichte ihrem Sinn nach verstehen und begreifen."[74]

Für Hitler ist also der *Historizismus* ebenso bedeutend wie der Nationalismus – also kein Pappenstiel. Und doch erwähnt Popper den Nationalsozialismus kaum. Nicht, dass er ihn für weniger gefährlich hielt, doch sah er hier einfach keinen ernstzunehmenden philosophischen Gegner – er war ihm einfach zu blöd.

Popper gibt also dem Individuum die Zügel in die Hand und richtet sich gegen einen Utopismus, der jegliche Bemühungen für oder gegen ‚Gesetze der Geschichte' zwecklos erscheinen lässt. Nicht die Vision, sondern die Methodik, also der Weg ist das Ziel der offenen Gesellschaft, womit Poppers Stückwerk-Sozialtechnik schon umrissen ist.

---

[73] Popper in Lührs *et al.* 1975, S. 311 ff.
[74] Hitler, 1932, S. 8 (im Original gesperrt).

2. Poppers Stückwerk-Sozialtechnik

Wie zu Anfang erwähnt, spricht sich Popper für die Einheit der Methode von Naturwissenschaften und Sozialwissenschaften aus, zu der auch die Staatstheorie gehört. Die bahnbrechenden Erfolge der Physik und Chemie erklärt er damit, dass Physiker und Chemiker seit Jahren die Methode von Versuch und Fehlerausmerzung verwenden – anders als Sozialwissenschaftler. Weil er die gewaltigen naturwissenschaftlichen Fortschritte in ihrer Methodik begründet sieht, plädiert er also dafür, die Methoden der Naturwissenschaften auf die Sozialwissenschaften zu übertragen.

Seit Aristoteles gehe die Methodik der Sozialwissenschaften fehl, denn er begründete die sinnlose Idee, nach der „die wissenschaftliche Forschung zum Wesen der Dinge vordringen muss, um sie zu erklären …. Was ist der Staat? Was ist ein Bürger? (Dieses Problem betrachtet Aristoteles in seiner *Politik* als grundlegend)."[75] Dieser von Aristoteles etablierte und von Popper benannte *Essentialismus* ist noch immer vorherrschend in den Sozialwissenschaften, was Popper als Grund für seine Rückständigkeit sieht. Er stellt Fragen wie „Was ist das Licht?" oder „Was ist das Leben?"[76] Derartige Fragen verfolgen einzig das Ziel, dem *eigentlichen Sinn* von Institutionen auf die Spur zu kommen, was zu nichts führt, zumal der „Spezialist der Stückwerk-Technologie und Stückwerk-Technik weiß, dass *nur eine Minderheit sozialer Institutionen bewusst geplant wird, während die große Mehrzahl als ungeplantes Ergebnis menschlichen Han-*

---
[75] Elend, S. 24; Hervorhebung im Original.
[76] Vgl. Elend, S. 23.

delns einfach ‚gewachsen' ist."⁷⁷ Der Sozialwissenschaftler sollte sich lieber am *Nominalismus* des Naturwissenschaftlers orientieren. Anstatt das Wesen der Dinge zu durchleuchten, betrachtet er das Verhalten der Dinge zueinander.

Das Augenmerk liegt also in der Anwendung und nicht in der Ergründung von Begrifflichkeiten. Wie aber soll man sich seinem jeweiligen Ziel nähern? Popper fügt dem Terminus ‚Sozialtechnologie' die Präzisierung *stückweise* (auch: *Stückwerk*) hinzu und beschreibt die Anwendung seines Falsifikationismus: „Zur Lösung dieser Probleme verwenden die Wissenschaften grundsätzlich dieselbe Methode, die der gesunde Menschenverstand verwendet: die Methode von *Versuch und Irrtum*. Genauer ausgedrückt: Es ist die Methode, *versuchsweise* Lösungen unseres Problems aufzustellen und dann die falschen Lösungen als irrtümlich zu eliminieren. Diese Methode setzt voraus, dass wir mit einer Vielzahl von *versuchsweisen* Lösungen arbeiten. Eine Lösung nach der anderen wird ausprobiert und eliminiert."⁷⁸ Dabei werden für das jeweilige Ziel ungeeignete Lösungen beseitigt, um den richtigen näher zu kommen: „Der einzige Weg, der den Sozialwissenschaften offen steht, besteht darin, … die praktischen Probleme unserer Zeit mit Hilfe jener theoretischen Methoden zu behandeln, die im Grunde allen Wissenschaften gemeinsam sind: mit Hilfe der Methode von Versuch und Irrtum, der Methode des Auffindens von Hypothesen, die sich praktisch überprüfen lassen, und mit Hilfe ihrer praktischen Überprüfung."⁷⁹

---

⁷⁷ Elend, S. 52; Hervorhebung im Original.
⁷⁸ Alles Leben, S. 15; Hervorhebung im Original.
⁷⁹ OG II, S. 259; Hervorhebung im Original.

Popper ist davon überzeugt, dass wir uns nur auf diese Weise vom Erbe Aristoteles' lösen und endlich „mit dem Aufbau einer empirischen Sozialwissenschaft beginnen können."[80] Um die Orientierung an der Praxis hervorzuheben, bezeichnet Popper seine praktische Methode der Politik als Stückwerk-Sozialtechnik (*piecemeal social engineering*)[81].

Wie wir bei Poppers Kritik der Utopie gesehen haben, kommt es bei jedem politischen Eingriff zu „unweigerlich auftretenden unerwünschten Nebenwirkungen"[82]. Bei Revolutionen oder aber auch bei weitreichenden Reformen ist es vollkommen unmöglich, alle Konsequenzen vorherzusagen. Und sind Ergebnisse erst einmal eingetreten, so sind die Ursachen für die jeweiligen Konsequenzen im Einzelnen kaum zu erkennen. Daher wird sich der Sozialtechnologe im Geiste Poppers „davor hüten, Reformen von solcher Komplexität und Tragweite zu unternehmen, dass es ihm unmöglich wird, Ursachen und Wirkungen zu entwirren und zu wissen, was er eigentlich tut."[83] Gehen wir aber in kleinen Schritten vor, können „wir Fehler machen und aus unseren Fehlern lernen, ohne Rückschläge von einer Schwere zu riskieren, die den Willen zu zukünftigen Reformen gefährden

---

[80] OG I, S. 372.
[81] Diese Wortschöpfung ist nicht von Karl Popper. Er selbst ging einige Jahrzehnte lang davon aus, dass der Terminus ‚Sozialtechnik' (*social engineering*) zuerst von Roscoe Pound in seinem Werk *Introduction to the Philosophy of Law* [1922] gebraucht wurde. Es waren aber wohl Beatrice und Sidney Webb, die den Ausdruck wohl schon vor 1922 verwendeten (vgl. OG I, S. 254).
[82] Elend, S. 54.
[83] Elend, S. 54.

muss."[84] Denn wir können so Veränderungen, die sich als falsch herausgestellt haben, verbessern oder rückgängig machen.

Der Sozialtechniker ist „am Ursprung der Institutionen, an den ursprünglichen Absichten ihrer Gründer kaum interessiert".[85] Er fragt nicht „Wozu sind Institutionen ursprünglich geplant?", oder, „Was ist eine Institution *eigentlich*?". Der Sozialtechniker beschäftigt sich mit etwas anderem: „Sein Problem ist vielmehr dieses: Angenommen, unsere Ziele sind so und so beschaffen; ist dann diese Institution wohl geplant und organisiert, um ihnen zu dienen? … Allgemeiner können wir sagen, dass der Ingenieur oder der Techniker Institutionen in rationaler Weise als Mittel betrachtet, die bestimmten Zwecken dienen, und dass er sie als Techniker völlig gemäß ihrer Eignung, Wirksamkeit, Einfachheit usf. beurteilt."[86]

Popper spricht sich also dafür aus, Fragen nach dem Wesen gesellschaftlicher Begriffe außer Acht zu lassen und sich auf ihre Anwendungen zu konzentrieren: „So wie die Hauptaufgabe des naturbearbeitenden Ingenieurs darin besteht, dass er Maschinen konstruiert, umbaut und in Gang hält, so ist es die Aufgabe des Sozialingenieurs, der die Stückwerk-Technik beherrscht, soziale Institutionen zu entwerfen, umzugestalten und die schon bestehenden in Funktion zu erhalten."[87] Wenn sich die Fragestellung weg vom *Wesen* hin zur Funktionalität bewegt, wird es auch möglich, die jeweilige Hypothese ob-

---

[84] OG I, S. 194.
[85] OG I, S. 30.
[86] OG I, S. 30 f.
[87] Elend, S. 52.

jektiv zu bewerten – hat sie zu einer Lösung von Problem XY beigetragen oder nicht?

Dass die Stückwerk-Sozialtechnik in kleinen Schritten fortschreitet, bedeutet nicht, dass sie zwangsläufig zu einer konservativen oder gar reaktionären Politik führt. Der Stückwerk-Sozialtechnologe darf durchaus große Pläne haben, nur muss er sich eben darüber im Klaren sein, dass solch grandiose Ziele nicht unmittelbar zu verwirklichen sind: „Er mag hoffen, dass die Menschheit eines Tages einen idealen Staat verwirklichen und Glück und Vollkommenheit auf Erden erreichen wird. Aber er wird auf jeden Fall einsehen, dass sich die Vollkommenheit, wenn sie sich überhaupt erreichen lässt, in weiter Ferne befindet."[88]

Unsere Ziele dürfen also ehrgeizig sein, doch müssen sie der Reihe nach und klar voneinander abgegrenzt umgesetzt werden: „Es sind dies ja Pläne für einzelne Institutionen, zum Beispiel für die Kranken- oder Arbeitslosenversicherung, für Schiedsgerichte, für Budgetvorschläge zur Bekämpfung vor Wirtschaftskrisen oder für Erziehungsreform. Wenn sie fehlschlagen, dann ist der Schaden nicht allzu groß und eine Wiederherstellung des früheren Zustandes nicht allzu schwierig."[89] Und Popper führt weiter aus: „Was immer seine Ziele sein mögen, er sucht sie schrittweise durch kleine Eingriffe zu erreichen, die sich dauernd verbessern lassen."[90]

Es besteht also, wie bereits erläutert, ein entscheidender Unterschied zum utopischen Denken und Vorgehen, auch wenn die Ziele ähnlich ehrgeizig sein kön-

---

[88] OG I, S. 188.
[89] OG I, S. 189.
[90] Elend, S. 53.

nen. Utopisten nämlich gehen fälschlicherweise davon aus, dass „wir einen Bauplan der von uns angestrebten Gesellschaftsordnung besitzen".[91] Die Stückwerk-Sozialtechnologen dagegen „können auch nicht wissen, ob man ihre Pläne jemals verwirklichen wird; und es ist wirklich so, dass Pläne nur höchst selten ohne große Modifikationen verwirklicht werden, und dies teils, weil unsere Erfahrung während der Zeit der Konstruktion zunimmt, und teils, weil es notwendig ist, Kompromisse zu schließen."[92]

Der Unterschied zwischen der utopischen und der stückweisen Sozialtechnik liegt also in der Vorgehensweise. Auch wenn beide möglicherweise das gleiche Ziel verfolgen – die Wege unterscheiden sich fundamental voneinander: „Es ist der Unterschied zwischen einer vernünftigen Methode zur Verbesserung des Geschicks der Menschen und einer Methode, die, wenn sie wirklich ausprobiert wird, leicht zu einer unerträglichen Zunahme menschlichen Leidens führen kann."[93]

Stückwerk und Kritik

Damit der Bürger aber überhaupt urteilt, darf er keine Angst vor negativen Konsequenzen seiner Kritik haben: „Eine der Schwierigkeiten, denen ein wohlwollender Diktator ins Auge sehen muß, ist die Frage, wie sich feststellen läßt, ob die Ergebnisse seiner Maßnahmen mit seinen guten Absichten übereinstimmen. Die Schwierig-

---

[91] OG I, S. 188.
[92] OG II, S. 169.
[93] OG I, S. 188 f.

keit kommt daher, daß die Bürger einer Diktatur das Regime nicht zu kritisieren wagen. Dementsprechend wird der wohlwollende Diktator Klagen über die Maßnahmen kaum zu hören bekommen, die er getroffen hat. Aber ohne eine derartige Kontrolle kann er schwerlich feststellen, ob seine Maßnahmen das gewünschte wohlwollende Ziel erreicht haben."[94] Ohne eine offene Diskussion kann die Stückwerk-Sozialtechnik nicht funktionieren.

Problematisch in der Politik ist häufig auch die Kombination aus Wirrnis und Aggressivität in der politischen Debatte. Laut Popper kann die Stückwerk-Sozialtechnik zu einer nüchternen Diskussionskultur führen, da es gerade nicht um abstrakte Ideale geht, unter denen jeder möglicherweise auch noch etwas anderes versteht, sondern um kleine Schritte. Er ist der Auffassung, dass uns „die Anwendung der Methode des stückweisen Umbaus über die allergrößte Schwierigkeit jeder vernünftigen politischen Reform hinweghelfen wird, nämlich über die Frage, wie wir es anstellen sollen, dass bei der Durchführung des Programms die Vernunft und nicht Leidenschaft und Gewalt zu Worte kommen."[95]

Wenn wir also die einzelnen Probleme wie Faktoren in den Naturwissenschaften isolieren und nacheinander angehen, wird unser Vorgehen übersichtlicher, nachvollziehbarer und ermöglicht die rationale Diskussion. Nicht zuletzt daher hält Popper die Stückwerk-Sozialtechnik für „das beste Mittel zur Erlangung praktischer Resultate in den Sozial- wie in den Naturwissenschaften"[96].

---

[94] OG I, S. 190.
[95] OG I, S. 190.
[96] Elend, S. 47.

In einer Politik der kleinen Schritte fällt es zudem leichter, einzelne Fehler der Politiker zu erkennen und festzustellen, ob die Maßnahmen tatsächlich den Zielen entsprechen, für die sie gewählt wurden. Diese Transparenz darf auch für den Politiker nicht als Nachteil gelten. Denn Fehler zu begehen, ist unvermeidbar; wichtig ist die Konsequenz, die man aus ihnen zieht, „denn das ganze Geheimnis der wissenschaftlichen Methode liegt in der Bereitschaft, aus begangenen Fehlern zu lernen."[97] Diese Herangehensweise „kann vielleicht wirklich zu der glücklichen Situation führen, dass die Politiker auf ihre eigenen Fehler zu achten beginnen, statt zu versuchen, sie hinwegzuerklären oder zu beweisen, dass sie immer recht hatten."[98]

Stückwerk und Ästhetizismus

Besonders ästhetisch ist diese Art der Politik nicht – es handelt sich eben um ein ständiges Herumprobieren, so schreibt Popper: „Ein solches ‚Herumbasteln' entspricht nicht dem politischen Temperament vieler ‚Aktivisten'."[99] Und Popper sieht in revolutionären politischen Theorien den Wunsch, „eine Welt zu bauen, die nicht nur ein wenig besser und vernünftiger ist als die unsrige, sondern die von all ihrer Hässlichkeit frei ist: Nicht ein aus alten Flecken zusammengesetztes Kleidungsstück, sondern ein ganz neues Gewand, eine wirklich schöne neue Welt."[100]

---

[97] OG I, S. 194.
[98] OG I, S. 194.
[99] Elend, S. 54.
[100] OG I, S. 196.

Ein stückweises Vorgehen aber vermag es scheinbar kaum, die Welt aus den Angeln zu heben und von ihrer Widerlichkeit zu erlösen, wie es eine neue, schöne Welt bar jeglicher Fehler könnte: „Dieser Ästhetizismus ist eine sehr verständliche Haltung; in der Tat scheint fast jeder von uns ein wenig an derartigen Vollkommenheitsträumen zu leiden."[101] Der philosophische Vater dieses Ästhetizismus in der Politik ist für Popper kein geringerer als Platon, für den Politik eine Kunst, ja eine „königliche Kunst" sei: „Sie ist eine Kunst der Komposition wie die Musik, das Malen oder die Architektur. Der platonische Politiker komponiert Staaten – um ihrer Schönheit willen."[102] Tatsächlich vergleicht Platon dabei den Politiker explizit mit einem Maler, so schreibt Popper: „Über die Einzelheiten ihrer Malkunst befragt, gibt Platons ‚Sokrates' die folgende erstaunliche Auskunft: ‚Sie werden als ihre Leinwand einen Staat und die Charaktere von Menschen nehmen; und sie werden zu allererst ihre Leinwand reinwaschen – und das ist keinesfalls eine leichte Aufgabe …. Woran Platon denkt, wenn er vom Reinigen der Leinwand spricht, wird etwas später erklärt. ‚Wie geschieht dies?' fragt Glaukon. Darauf antwortet Sokrates: ‚Alle Bürger des Staates, die das zehnte Lebensjahr überschritten haben, müssen sie aus der Stadt vertreiben und irgendwohin aufs Land deportieren; und die Kinder, die nunmehr vom schlechten Einfluß der Sitten und Ansichten ihrer Eltern befreit sind, müssen sie übernehmen; die werden dann in der Art der wahren Philosophen erzogen und in Überein-

---

[101] OG I, S. 196.
[102] OG I, S. 197.

stimmung mit den Gesetzen, die wir bereits beschrieben haben.'" [103]

Diese *tabula rasa* ist eine notwendige Vorstufe der ästhetischen Staatskunst und nur durch Grausamkeiten überhaupt zu erreichen, das Reinigen der Leinwand nämlich bedeutet für den Herrschenden nichts anderes, als „die bestehenden Institutionen und Traditionen aus[zu]rotten. Er muß reinigen, austreiben, deportieren und töten."[104] Popper bemerkt spitz: „So sympathisch mir der ästhetische Trieb auch ist, ich bin dafür, dass sich der Künstler zum Ausdruck seiner Ideen ein anderes Material wählt."[105]

---

[103] OG I, S. 197 f. Es mag verwunderlich scheinen, dass Popper hier plötzlich von „Platons ‚Sokrates'" spricht. Schließlich sind die Werke Platons die einzigen Texte, die wir von Sokrates besitzen, und so hat Popper all sein Wissen über Sokrates von Platon. Popper lobt Sokrates bis an sein Lebensende in den höchsten Tönen. Nun begegnet er der für ihn unakzeptablen Einstellung des Sokrates mit dem Einwurf, dass es ja nicht um Sokrates' eigene Gedanken, sondern – als ob es je anders wäre – nur um die Worte des Platon handle.

Poppers Vorgehen erklärt sich an anderer Stelle, an der er – entgegen der herrschenden Meinung – argumentiert, dass *Der Staat* bereits das Werk eines veränderten Platon ist, in dem Sokrates nur noch seine Marionette darstellt (vgl. OG I, S. 394 ff.; vgl. auch Hacohen 2002, S. 418). Popper akzeptiert lediglich den Sokrates der *Apologie*, so schreibt er in *Replies to my Critics*: „Ich sehe mich als einen Schüler des Sokrates, das heißt, des Sprechers der *Apologie*, und ich liebe diesen Mann." (S. 962; eigene Übersetzung aus dem Englischen).

[104] OG I, S. 198.
[105] OG I, S. 197.

Diskussion

Poppers Ideal des politischen Vorgehens ist also das schrittweise ‚Herumprobieren' oder ‚Herumbasteln'. Es kommt einer Idee Otto Neuraths, Mitglied des Wiener Kreises, sehr nah: *Neuraths Schiff*, eine Metapher für unsere politische Welt, liegt auf dem Ozean und passt in keine Werft – jegliche Reparaturen, Verbesserungen, Abänderungen erfolgen daher auf dem Wasser. Sie können nur stückchenweise erfolgen, eine Generalüberholung ist niemals möglich. Jedenfalls nicht, ohne dass alle Beteiligten Schiffbruch erleiden. Neurath schreibt: „Es gibt keine tabula rasa. Wie Schiffer sind wir, die ihr Schiff auf offener See umbauen müssen, ohne es jemals in einem Dock zerlegen und aus besten Bestandteilen neu errichten zu können."[106]

Vielmehr ist auf Traditionen ebenso wie auf dem gesunden Menschenverstand aufzubauen. Denn hier handelt es sich um Theorien, die durch ihre Beständigkeit immerhin gute Ausgangspunkte sind, so schreibt Popper: „Die Demokratie beruht wesentlich auf einer Tradition, und ohne Tradition führt die Demokratie zur Diktatur."[107]

Denn Institutionen fußen auf Traditionen. Hans-Joachim Niemann schreibt: „Kulturprodukte wie Gesetzbücher, Sprachen und Gesellschaftsordnungen sind in einer Art Evolution in Jahrhunderten entstanden; man

---

[106] 1932/33; s. dazu auch Schleichert, 1975, S. 72. Popper nimmt an ähnlichen Stellen in seinem eigenen Werk keinerlei Bezug auf Neurath. Wie die meisten Mitglieder des Wiener Kreises unterschätzte auch Popper Neurath: Er hielt ihn eher für einen Politiker als für einen Philosophen (vgl. Stadler, 1997, S. 537).
[107] Lührs *et al.*, 1975, S. 22.

kann sie weder erfinden noch nach einem Plan herstellen noch konstruieren. ... An einem Gesetzbuch z.B. arbeiten Generationen von Richtern und Rechtsgelehrten. Sogar Verbrecher und andere Gesetzesübertreter arbeiten daran mit; denn sie sind es, die die Lücken, die Fehler, finden und den Gesetzgeber zu Änderungen zwingen."[108]

So fungieren Traditionen, wie der Philosoph Harald Stelzer bemerkt, als „ein Bindeglied zwischen Institutionen und den Intentionen und Wertbegriffen der Individuen. Es sind vor allem die Traditionen des Liberalismus und der Aufklärung, auf welche sich Popper beruft und die auch seiner ganzen politischen Philosophie zugrunde liegen."[109] Selbstverständlich bedeutet das nicht, dass man nicht auch Traditionen – wie alles andere – stets kritisch hinterfragen sollte.

Der ehemalige deutsche Bundeskanzler Helmut Schmidt, der sich immer wieder auf Poppers Stückwerk-Sozialtechnik als seine politische Herangehensweise berief, lehnte ein scheinbar hehres Ziel anstrebende Politiker und Theoretiker kategorisch ab und bemerkt lakonisch, im Geiste seines geistigen Ziehvaters Popper: „Wer Visionen hat, soll zum Arzt gehen."[110] Die politische Methode solle sich – ganz im Sinne Poppers – eher um die Beseitigung von Leid kümmern.

Die Stückwerk-Methode macht aus dem Politiker einen Forscher, dem Fehler unterlaufen müssen. Popper geht von einem Staat aus, in dem die Vernunft herrscht; er

---

[108] Niemann, 1994, S. 57 ff.
[109] Stelzer, 2004, S. 191.
[110] Zitiert nach Rupps, 2002, S. 177. Mit „Arzt" meint Schmidt offenbar den Psychiater. Denn die gesinnungspolitischen Bewegungen der späten sechziger Jahre wird Schmidt später „Massenpsychose" nennen (Maischberger, 2002, S. 189).

geht also von einem rationalen Idealtypus aus, der keineswegs selbstverständlich ist, sondern laut den Philosophen Ian Jarvie und Sandra Pralong ironischer Weise selbst an der Schwelle zur Utopie steht. Doch der Popper-Schüler und ehemalige britische Labour-Abgeordnete Bryan Magee ist davon überzeugt, dass Politiker sich irren, wenn sie davon ausgehen, die Öffentlichkeit würde keine Fehler verzeihen, so schreibt er: „In allen mir bekannten Demokratien liegen die Politiker hinter der Öffentlichkeit zurück. Sie würden beliebter, nicht weniger beliebt bei ihren Wählern sein, wenn sie eher bereit wären, Fehler einzugestehen; und sie wären auch beliebter und nicht unbeliebter, wenn sie eher bereit wären zuzugeben, dass ihre Gegner ziemlich häufig Recht haben."[111]

Bei der Stückwerk-Sozialtechnik handelt es sich um die wohl wichtigste Theorie in Poppers politischer Philosophie, da sie den gesamten Rahmen politischen Handelns vorgibt. Bezeichnenderweise handelt es sich gerade bei diesen Gedanken um die Übertragung von Kernpunkten aus Poppers Wissenschaftstheorie auf die Sozialwissenschaften. Es sind wohl zu einem großen Teil ebendiese verblüffende Stringenz und ihr weitgespannter Anwendungsbereich, die die Lehre des kritischen Rationalismus zu einer universellen Methodik gemacht haben.

---

[111] Magee, 1999, S. 152; eigene Übersetzung aus dem Englischen.

3. Popper über Demokratie

Poppers Ausführungen zur Demokratie skizzieren den politischen Rahmen der offenen Gesellschaft. Seine Gedanken zur Demokratie gehören zu den Kernthemen der *Offenen Gesellschaft*; so schreibt er mehr als vierzig Jahre nach der Veröffentlichung des Werkes: „Das Buch ist eine Theorie der Demokratie und eine Verteidigung der Demokratie gegen die alten und neuen Angriffe ihrer Feinde."[112]

Dabei weist er immer wieder darauf hin, dass es sich bei der Demokratie lediglich um eine notwendige Bedingung für eine erstrebenswerte politische Lebensform handelt, nicht jedoch um eine abgeschlossene oder gar vollkommene Entwicklung. In diesem Zusammenhang beruft er sich häufig auf den berühmten Ausspruch des seiner Meinung nach größten Staatsmanns des zwanzigsten Jahrhunderts, Winston Churchill: „Die Demokratie ist die schlechteste aller Regierungsformen, mit der alleinigen Ausnahme aller anderen Regierungsformen."[113] Gerne zitiert Popper in diesem Zusammenhang den Wiener Dichter Karl Kraus: „Alle Politik besteht in der Wahl des kleineren Übels."[114]

Popper hält ganz und gar nichts davon, dass der „Staat etwas Höheres und Vornehmeres sei als eine Verbindung, die rationale Zwecke zu erfüllen hat".[115] Er sieht in der Demokratie oder der Stimme des Volkes wenig Erhabe-

---

[112] Alles Leben, S. 207.
[113] So etwa in Alles Leben, S. 246.
[114] Auf der Suche, S. 250 und OG II, S. 411; zu Popper und Kraus vgl. Heyt, 2002, S. 12.
[115] OG I, S. 134.

nes, sie ist lediglich die bislang einzig annehmbare Methode, notwendige Macht zu kontrollieren.[116]

Vor allem warnt Popper vor der irrigen Vorstellung, dass die Demokratie eine „Herrschaft des Volkes" sei. Denn das Volk, so Popper, regiert niemals selbst in „irgendeinem konkreten praktischen Sinn", es kann lediglich „die Aktionen seiner Herrscher durch Drohung mit Absetzung beeinflussen".[117] „Demokratie", so Popper, „ist leider ein ganz irreführender Name", bedeutet er doch soviel wie ‚Volksherrschaft' auf Griechisch.[118] „Es ist wichtig, dass man schon in der Schule lernt, dass der Name ‚Demokratie' seit der Athenischen Demokratie der traditionelle Name für eine Verfassung ist, die eine Diktatur, eine ‚Tyrannis' *verhindern* soll."[119]

Popper hält die irreführende Verwendung des Wortes ‚Demokratie' geradezu für gefährlich. Denn dieses Missverständnis führt dazu, dass man „das Volk und die Kinder lehrt, dass sie in einer Volksherrschaft leben – also etwas, was nicht wahr ist (und gar nicht wahr sein kann). Da sie das bald sehen, werden sie nicht nur unzufrieden, sie fühlen sich gar belogen: Sie wissen ja nichts über die traditionelle verbale Verworrenheit. Das kann schlimme weltanschauliche und politische Konsequenzen haben und bis zum Terrorismus führen."[120] Die Aufklärung dieses Missverständnisses hält Popper in späten Jahren für so wichtig, dass er seine Ausführungen darüber für

---

[116] Vgl. etwa Alles Leben, S. 246.
[117] OG I, S. 149.
[118] Auf der Suche, S. 58.
[119] Alles Leben, S. 242; Hervorhebung im Original. Interessant ist hier Poppers plötzliches Interesse für die essentialistische Frage, was Demokratie denn *eigentlich* (oder: *traditionell*) bedeute.
[120] Alles Leben, S. 226.

den wichtigsten Punkt seines politischen Hauptwerkes hält.[121]

Dass das Volk selbst nicht herrscht, ist keine Schwäche, sondern für Popper sogar wünschenswert.[122] Er ist ganz und gar nicht erpicht auf eine zu große Macht der Bürger, wie er an vielen Stellen in seinem Werk durchblicken lässt.[123] Eine Verherrlichung des Volkes nach dem römischen Motto: *vox populi vox dei* ist laut Popper „eine irrationale Ideologie, die einen Aberglauben fördert: den autoritären und relativistischen Aberglauben, dass das Volk (oder die Majorität) nicht unrecht haben kann und nicht unrecht tun kann. Diese Ideologie ist unmoralisch und muß abgelehnt werden."[124] Denn auch eine Mehrheit kann tyrannisch werden und etwa entscheiden, dass alle Brillenträger höhere Steuern zahlen müssten.

In der Demokratie aber haben auch Minderheiten die Möglichkeit, den Machtmissbrauch zu verhindern – ob er nun von einem Despoten oder von der Mehrheit ausgeht. Es sind die demokratischen Institutionen, die auch der Minorität die Möglichkeit geben, „auf einen friedlichen Wechsel hinzuarbeiten".[125]

Demokratie und Macht

Wir dürfen uns also niemals darauf verlassen, dass die Regierung unser Vertrauen und damit die Macht verdient hat. Es spielt keine Rolle, wie wohlwollend sie auch er-

---

[121] Vgl. Alles Leben, S. 207.
[122] Auf der Suche, S. 58.
[123] Vgl. etwa Alles Leben, S. 244.
[124] Alles Leben, S. 245.
[125] OG II, S. 188 f.

scheinen mag, „was wissen wir und was weiß das Volk, welchen Fehler – ja, welches Verbrechen – die von ihm gewählte Regierung morgen begehen wird?"[126] Entscheidend für das Verständnis von Poppers Gedanken ist sein Verhältnis zur *Macht*: Popper sieht in der Macht einen „möglichen Dämon",[127] eine Art Hobbes'schen *Leviathan*, der jederzeit seine schlimmste Form annehmen kann, nämlich die Form der *Tyrannei*. Diese Tyrannei ist für Popper die ständig drohende Gefahr der offenen Gesellschaft. Denn er ist überzeugt davon, dass es kaum einen Menschen gibt, dessen Charakter durch Macht nicht verdorben wird. Er zitiert den britischen Historiker Lord Acton: „Macht führt zur Korruption und absolute Macht zur absoluten Korruption."[128]

Auf dieser Angst vor dem Missbrauch der Macht beruht Poppers Verständnis der Demokratie: sie ist Mittel, ja das einzige Mittel, die Macht in Zaum zu halten: „in einer Demokratie besitzen wir den Schlüssel zur Kontrolle der Dämonen. Wir können sie zähmen. Es ist wichtig, dass wir diese Einsicht gewinnen und die Schlüssel gebrauchen."[129]

Auflösen können wir die staatliche Macht nicht, denn ohne sie kann es bedauerlicherweise kein Miteinander geben, wir müssten in einer Anarchie leben, in der der Stärkere siegt. Die Macht ist für den Staat daher ein „… notwendiges Übel. Denn wenn der Staat seine Aufgabe erfüllen soll, muss er mehr Macht haben als jeder einzelne Staatsbürger oder jede Gruppe von Staatsbürgern."[130]

---

[126] Alles Leben, S. 225.
[127] Lesebuch, S. 325.
[128] OG I, S. 163.
[129] Lesebuch, S. 325.
[130] Auf der Suche, S. 170.

Mit diesem Bild vom Staat als „notwendigem Übel" steht Popper freilich ganz in der Tradition des klassischen Liberalismus. In diesem Sinne präzisiert er seine Ansicht über den Staat: „Seine Machtbefugnisse sollten nicht über das notwendige Maß hinaus vermehrt werden. Dieses Prinzip könnte man das ‚liberale Rasiermesser' nennen (in Anlehnung an Ockhams Rasiermesser, d.h. das berühmte Prinzip, dass metaphysische Wesenheiten nicht über das notwendige Maß hinaus vermehrt werden sollen)."[131]

Der Zweck der Demokratie ist es also, die Gefahren der Macht einzudämmen. Poppers Mittel dafür ist es, *konstitutionell verankerte Institutionen* zu schaffen, die sicherstellen, dass niemand unkontrolliert Macht ausüben kann.[132] Popper benutzt den Terminus ‚Institution' in sehr weitem Sinne: „Ich werde also als ‚soziale Institution' ein Geschäftsunternehmen bezeichnen, gleichgültig, ob es sich um einen kleinen Laden oder eine Versicherungsgesellschaft handelt, ebenso eine Schule, ein Schulsystem, eine Polizeitruppe, eine Kirche, ein Gerichtshof."[133] Bei Institutionen handelt es sich also um eigenständige Systeme, die die Macht im Staat verteilen.

Somit ist das „Prinzip einer demokratischen Politik", so Popper, der „Vorschlag, politische Institutionen zur Vermeidung der Tyrannei zu schaffen, zu entwickeln und zu schützen"[134]. Demokratie bedeutet für Popper also „in erster Linie gegen eine Diktatur gerüstete Institutionen"[135]. Sie haben das Ziel, „Konstitutionen zu entwickeln, die die Ideen der Gerechtigkeit, der

---

[131] Auf der Suche, S. 169.
[132] OG II, S. 190.
[133] Elend, S. 52.
[134] OG I, S. 150.
[135] Alles Leben, S. 223.

Menschlichkeit, und vor allem der Freiheit innerhalb von Gesetzlichkeit weitgehend – wenn auch sicher nicht vollkommen – verwirklichen."[136]

Zu Poppers Verständnis der Institution zählt auch die Abstimmung: „eine Neuwahl oder ein Votum in einem gewählten Parlament kann die Regierung stürzen. Darauf kommt es an. ... Jede Regierung, die man wieder losswerden kann, hat einen starken Anreiz, sich so zu verhalten, dass man mit ihr zufrieden ist. Und dieser Anreiz fällt weg, wenn die Regierung weiß, dass man sie nicht so leicht losswerden kann."[137]

Eine demokratische Regierung ist also eine Regierung, „deren wir uns ohne Blutvergießen, zum Beispiel auf dem Wege über allgemeine Wahlen, entledigen können; die sozialen Institutionen sehen also Mittel vor, die es den Beherrschten gestatten, die Herrscher abzusetzen, und die sozialen Traditionen geben die Sicherheit, dass es den augenblicklichen Verwaltern der Macht nicht leicht sein wird, diese Institutionen zu zerstören."[138]

Unter „Demokratie" versteht Popper also „nicht etwas so Vages wie etwa die ‚Herrschaft des Volkes' oder die ‚Herrschaft der Majorität', sondern eine Reihe von Einrichtungen (unter ihnen vor allem allgemeine Wahlen, d.h. das Recht des Volkes, seine Regierung zu entlassen), die die öffentliche Kontrolle der Herrscher und ihre Absetzung durch die Beherrschten gestatten und die es den Beherrschten ermöglichen, Reformen ohne Gewalt-

---

[136] Auf der Suche, S. 58.
[137] Alles Leben, S. 208.
[138] OG I, S. 149. An anderer Stelle nennt Popper diesen Satz gar das „Kriterium einer Demokratie" (OG II, S. 188).

anwendung und sogar gegen den Wunsch der Herrscher durchzuführen."[139]

Popper plädiert also für die Demokratie, weil „demokratische Institutionen, wenn sie in demokratischen Traditionen wurzeln, bei weitem die unschädlichsten sind, die wir kennen."[140] Es sind diese fest verankerten Institutionen und die damit einhergehende – niemals absolute – Macht, die die Demokratie von der Tyrannei unterscheiden. Die Macht in der Tyrannei ist dagegen zentralisiert, es gibt keine Verteilung. Daher kann man sich ihrer – wenn überhaupt – nur durch eine gewaltsame Revolution entledigen. Im Gegensatz dazu ist „das einzig wirklich Wichtige an der Demokratie ... die Tatsache, dass sie Macht kontrolliert und ausgleicht."[141] Oder, wie Popper viele Jahre später formulierte: „Das Fundamentalproblem der Staatstheorie ist das Problem der Zähmung der politischen Macht – der Willkür und des Missbrauchs der Macht – *durch Institutionen, durch die die Macht geteilt und kontrolliert wird.*"[142]

Die Suche nach dem Führer

Für Popper zählt also vor allem die Möglichkeit, Regierungen loszuwerden: „die negative Macht, die Drohung mit Entlassung".[143] Der ‚positiven Macht', also der Fähigkeit des Volkes, eine Regierung einzusetzen, räumt Popper dagegen keine große Bedeutung ein. Die trügerische

---

[139] OG II, S. 178.
[140] Auf der Suche, S. 170.
[141] OG II, 190.
[142] Auf der Suche, S. 249; Hervorhebung im Original.
[143] Alles Leben, S. 224.

Frage danach, wer herrschen solle, bewegt uns laut Popper bereits seit Platon und hat bedauerlicherweise seither kaum etwas von ihrem Einfluss verloren.[144] Denn sie ist nicht nur irreführend, sie ist in höchstem Maße gefährlich. Diejenigen, die diese Frage stellen, nehmen an, „dass die politische Macht ‚ihrem Wesen nach' keiner Kontrolle unterworfen sei. Sie nehmen an, dass irgendwer die Macht besitzt und dass es dem Besitzer der Macht ziemlich frei steht, zu tun und zu lassen, was er will."[145] Und sucht man den besten Herrscher, so sucht man unweigerlich nach dem ‚Besten', dem ‚Weisesten', ja dem ‚Unfehlbaren', was, so Popper, schließlich zu einer Suche nach *dem Führer* wird. Und falls man selbst unglücklicherweise nicht der Beste sein sollte, dann hat man sich eben unterzuordnen: „‚Herrsche – oder unterwirf dich!' – so lautet im Grunde der Wahlspruch dieser Einstellung; sei entweder ein großer Mann, ein Held ... oder gehöre zu den ‚Massen', unterwirf dich der Führerschaft."[146]

Wer regieren soll, ist für Popper auch deshalb von geringer Bedeutung, weil wir uns *niemals* auf die Regierenden verlassen dürfen: „Es geht also nicht ums Herrschen und um die Frage ‚Wer?' des Herrschens, sondern ums Regieren und um das ‚Wie' des Regierens; vor allem auch darum, dass die Regierung nicht zuviel regiert."[147] Wichtiger ist es also, zu definieren *wie* „die Macht gehandhabt werden"[148] soll, mit anderen Worten: wie eine Regie-

---

[144] OG I, S. 145.
[145] OG I, S. 145.
[146] OG II, S. 324.
[147] Alles Leben, S. 223; Hervorhebung im Original; vgl. auch Auf der Suche, S. 58.
[148] OG II, S. 190.

rung über genügend Macht verfügt, um handlungsfähig zu sein, ohne allzu großen Schaden anrichten zu können.

Demokratie ist für Popper also eine Methode zur Eliminierung von Fehlern. Wie in seiner Wissenschaftstheorie liegt auch hier der Schwerpunkt auf der Falsifikation: Falls sich die Regierung in der Praxis nicht bewährt, müssen wir sie loswerden und durch eine neue ersetzen. Und wie in seiner Wissenschaftstheorie ist auch hier die Frage, *wie* wir zu unseren Theorien beziehungsweise unseren Regierungen kommen, unwichtig. Doch spielt die Aufstellung der Theorie in Poppers Wissenschaftstheorie eine noch unwichtigere Rolle als die Frage nach der Aufstellung der Regierung in seiner Staatstheorie. Denn in der Wissenschaft interessiert es Popper praktisch überhaupt nicht, wie man zu einer Theorie kommt, er hält es für des Wissenschaftlers *Privatangelegenheit*: „Jede Quelle, jede Anregung ist uns willkommen."[149] Ganz so willkürlich darf in der Politik der Herrscher, die Regierung, freilich nicht bestimmt werden. Auch wenn der Schwerpunkt auf der Möglichkeit des Loswerdens der Herrschenden liegt, so sollten doch Vorkehrungen getroffen werden, eine gute Entscheidung zu treffen. Popper geht darauf nicht näher ein, bemerkt aber immerhin an einer Stelle lapidar, wir sollten bei der Auswahl der Regierenden stets versuchen, „das Beste zu erreichen."[150]

Doch wir müssen laut Popper immer mit dem Schlimmsten rechnen: „Ich neige zu der Ansicht, dass Herrscher sich moralisch oder intellektuell selten über und oft unter dem Durchschnitt befanden. Und ich halte

---

[149] Auf Suche, S. 61; vgl. auch Lesebuch, S. 187.
[150] OG I, S. 147.

es in der Politik für ein kluges Prinzip, wenn wir uns, so gut wir können, für das Ärgste vorbereiten."[151]

Demokratie als Gericht

"Zugegeben, nur wenige sind fähig, eine politische Konzeption zu entwerfen und durchzuführen, aber wir sind alle fähig, sie zu beurteilen."[152] Diesen Satz des Perikles hält Popper für so wichtig, dass er ihn nicht nur vollständig kursiv druckt – er verwendet ihn gar als einleitendes Zitat für den ersten Band der *Offenen Gesellschaft*.[153]

Laut Perikles kann das Volk nicht selbst herrschen: „Wir können nicht alle regieren und dirigieren, aber wir alle können über die Regierung zu Gericht sitzen, wir können als Geschworene fungieren."[154] Popper versteht die Demokratie demnach nicht als Volksherrschaft, sondern als *Volksgericht*.[155] Insofern kommt der Stimme des Volkes bei Popper doch noch eine große Bedeutung zu, so schreibt er: „Dennoch glaube ich, dass ein Körnchen Wahrheit in dem *vox populi*-Mythos steckt: ... Obwohl ihnen wichtige Tatsachen oft nur in beschränktem Maße zugänglich sind, so sind doch die einfachen Leute oft weiser als die Regierungen, und wenn nicht weiser, so

---

[151] OG I, S. 147.
[152] OG I, S. 222; Hervorhebung im Original.
[153] Allerdings erwähnt Popper die Stellen der Rede nicht, die seiner Interpretation zuwiderlaufen. Auch spricht er nicht von den zwei Reden, in denen Perikles seine autoritäre Machtpolitik erläutert (vgl. Hacohen, 2002, S. 412).
[154] Alles Leben, S. 225 und S. 244.
[155] Alles Leben, S. 246.

doch oft von besseren und großherzigeren Intentionen geleitet."[156]

So schreibt Popper über den Wahltag: „Nicht ein Tag, der die neue Regierung legitimiert, sondern ein Tag, an dem wir über die alte Regierung zu Gericht sitzen. Der Tag, an dem sich die Regierung verantworten muß."[157] Damit kommt dem Bürger eine Schlüsselrolle zu, das Funktionieren der Demokratie hängt letztendlich voll und ganz von ihm ab: „Ein demokratischer Staat kann nicht besser sein als seine Staatsbürger. So müssen wir hoffen, dass die großen Werte einer offenen Gesellschaft – Freiheit, gegenseitige Hilfe, Wahrheitssuche, intellektuelle Verantwortlichkeit, Toleranz – auch in Zukunft als Werte anerkannt werden. Dafür müssen wir unser Bestes tun."[158]

Die Schlüsselrolle der Institutionen ist bei Popper eindeutig, doch spielt eben auch der Bürger eine wichtige Rolle: „Institutionen sind wie Festungen; sie müssen wohlgeplant *und* wohlbemannt sein."[159] Institutionen ohne Bürger können nicht funktionieren. Denn Demokratie kann von allein selbstverständlich „gar nichts tun – handeln können nur die Bürger eines demokratischen Staates (einschließlich natürlich der Regierung). Die Demokratie ist nichts als ein Rahmen, innerhalb dessen die Staatsbürger handeln können."[160] Daher sind wir „alle bis

---

[156] Auf der Suche, S. 166.
[157] Alles Leben, S. 244.
[158] Dabei handelt es sich um Poppers Abschlussworte des Symposiums *Die Zukunft ist offen* (1985). In früheren Werken plädierte Popper eher dafür, den Staat *trotz* seiner Bürger stabil zu machen, nämlich mittels Institutionen (s.o.).
[159] OG I, S. 152; Hervorhebung im Original.
[160] Auf der Suche, S. 170.

zu einem gewissen Grad mitverantwortlich für die Regierung, obwohl wir nicht mitregieren."[161]

Die Anwendung auf die politische Praxis

In seinen späteren Jahren hat Popper eine interessante und höchst praxisbezogene Verwendung für seine Theorie gefunden: „Um zu zeigen, wie wichtig diese einfache Theorie der Demokratie in der Praxis ist, möchte ich sie auf das Problem des Proportionalwahlrechts anwenden."[162] Sein Interesse wird geweckt, als der deutsche SPD-Bundeskanzler Helmut Schmidt im Jahr 1982 von der viel kleineren Koalitionspartei FDP scheinbar gestürzt wird.[163]

In Ländern mit einem *Mehrheitswahlrecht*, etwa in der angelsächsischen Welt, funktioniert es folgendermaßen: Jeder Wahlkreis erhält ein Mandat im Parlament und es bekommt derjenige Kandidat, der in seinem Wahlkreis die meisten Stimmen erhält (was in Deutschland nur für die Erststimme gilt). Das Ergebnis dieser K.o.-Methode ist es, dass es zumeist nur Vertreter zweier großer Volksparteien überhaupt in das Parlament schaffen.

---

[161] Alles Leben, S. 226 f.
[162] Alles Leben, S. 209 ff. Dass sich Popper bei seinem Plädoyer gegen das Proportionalitätswahlrecht auf neuem Terrain befindet, bemerkt man an seiner ungewöhnlichen – in seinem politischen Opus vielleicht einzigartigen – Bescheidenheit: „Meine Bemerkungen gegen den Proporz bedeuten nicht, dass ich allen Demokratien den Rat erteile, den Proporz aufzugeben. Ich wünsche nur, der Diskussion darüber eine neue Richtung zu geben." (Alles Leben, S. 213).
[163] So in der Festschrift zu Helmut Schmidts 70. Geburtstag (Popper, 1989).

Verfechter des Proportionalitätswahlrechts argumentieren, dass dieses *The-Winner-Takes-it-all*-System nicht dem Wählerwillen entspricht. In Ländern mit Proportionalitätswahlrecht, wie etwa in Deutschland, werden Parlamentssitze proportional nach Stimmenanzahl bei Wahlen vergeben, auf dass das Parlament den Willen des Volkes widerspiegele.

Doch sieht Popper im Proportionalitätswahlrecht zwei Gefahren für die Demokratie: Zum einen ist der Gewählte seiner Partei und nicht dem Wähler verpflichtet. Zum anderen macht die Vielzahl der Parteien das für ihn wichtigste Element der Demokratie fast unmöglich. Tatsächlich ist der Mandatsträger im Proportionalitätswahlrecht – jedenfalls der der Zweitstimme – nicht an den Wähler, sondern „moralisch an seine Partei gebunden, da er ja nur als Repräsentant dieser Partei gewählt wurde."[164] Sie ist es nämlich, die ihn auf seinen Posten gebracht hat und entscheidet, ob er bleibt: „Der Glaube, ein nach dem Proporz gewählter Bundestag oder ein Parlament sei ein besserer Spiegel des Volkes und seiner Wünsche, ist falsch. Er repräsentiert nicht das Volk und seine Meinungen, sondern lediglich den Einfluß der Parteien (und der Propaganda) auf die Bevölkerung am Wahltag."[165] Tatsächlich stimmen britische Abgeordnete merklich häufiger gegen ihre eigene Partei als dies die hiesige „Parteidisziplin" gebietet.

Für noch erheblicher aber hält Popper das Problem der durch das Proportionalitätswahlrecht begünstigten Vielzahl der Parteien. Diese führt wiederum zu zwei Problemen: zu einem Mangel der Verantwortlichkeit der Regie-

---

[164] Alles Leben, S. 210.
[165] Alles Leben, S. 210.

rung und zum anderen zu einer Erschwerung, die jeweilige Regierung loszuwerden.

Im Proportionalitätswahlrecht regieren fast immer nur Koalitionen, da es für eine Partei kaum möglich ist, die absolute Mehrheit zu erhalten: „Ich sehe die Vielzahl der Parteien als Unglück an; und daher auch das Proporzwahlrecht. Denn die Vielzahl der Parteien führt zu Koalitionsregierungen, in denen niemand die Verantwortung vor dem Volk als Gerichtshof trägt …"[166] Koalitionen schieben üblicherweise Fehler auf den jeweils anderen und es ist für den Bürger kaum möglich zu beurteilen, wer in der Regierung was zu verantworten hatte: „Manchmal war die Regierung eine Minderheitsregierung und daher nicht in der Lage zu tun, was für sie [sic] richtig hielt, sondern zu Konzessionen gezwungen; oder sie war eine Koalitionsregierung, in der keine der regierenden Parteien voll verantwortlich war."[167]

Doch ist es wichtig zu wissen, wer für was verantwortlich ist, um ein Urteil fällen zu können: „Wenn es wenige Parteien gibt, dann sind die Regierungen eher Mehrheitsregierungen, und ihre Verantwortung ist klar und deutlich."[168]

Die Wahl, die der Urteilsspruch des Volkes sein soll, wird bei der unklaren Verantwortlichkeit der Koalition unmöglich. Wenn sie abgewählt wird, dann „hat sich eben der Volksentscheid gegen keine der Parteien ausgesprochen. Keine der Parteien wurde entlassen, keine der Parteien verurteilt."[169] Und so gewöhnt sich der Wäh-

---

[166] Alles Leben, S. 244 f.
[167] Alles Leben, S. 211.
[168] Alles Leben, S. 245.
[169] Alles Leben, S. 211.

ler daran, „keine der politischen Parteien und keinen ihrer Führer für die Entscheidungen der Regierung verantwortlich zu machen. Und dass eine Partei etwa fünf oder zehn Prozent ihrer Stimmen verliert, wird von niemandem als Schuldspruch angesehen; am wenigsten von den Wählern, den Regierten: Es deutet nur auf ein momentanes Schwanken in der Popularität."[170] Das Ergebnis ist also, dass der Urteilsspruch des Volkes dadurch „bagatellisiert wird und damit auch der Einfluß einer Wahlniederlage auf die Parteien – ein wohltätiger Einfluß, den die Demokratie brauchen kann."[171]

Doch sogar dann, wenn die Mehrheit die Regierung loswerden möchte und die größte Partei abwählt, so könnte sie sich an der Regierung halten: „Denn selbst wenn eine Partei, die bisher die absolute Mehrheit hatte (sodass sie verantwortlich gemacht werden konnte), ihre Mehrheit verliert, dann wird sie unter einem Proporz höchstwahrscheinlich noch immer die größte Partei bleiben und mit der Unterstützung der kleinsten Parteien eine Koalitionsregierung bilden können. So wird der entlassene Führer der großen Parteien weiterregieren – gegen den Mehrheitsbeschluss und aufgrund der Entscheidung einer kleinen Partei, die meilenweit davon entfernt ist, den ‚Willen des Volkes' zu repräsentieren."[172] Man braucht also lediglich „einen kleinen Koalitionspartner zu finden, um weiterregieren zu können."[173]

Und, den Sturz Helmut Schmidts durch die FDP im Hinterkopf, fährt Popper fort: „Natürlich kann eine

---

[170] Alles Leben, S. 211 f.
[171] Alles Leben, S. 213.
[172] Alles Leben, S. 212.
[173] Alles Leben, S. 245.

solche kleine Partei auch ohne Neuwahl, ohne einen neuen Auftrag von der Wählerschaft eine Regierung stürzen und zusammen mit den Oppositionsparteien eine neue Regierung bilden – in groteskem Gegensatz zu der Idee, die dem Proporz zugrunde liegt: der Idee, dass der Einfluss einer Partei der Anzahl ihrer Wähler entsprechen soll."[174] Kleinen Parteien kommt für Popper also eine zu große Bedeutung zu.

In Ländern mit einem Verhältniswahlrecht konkurrieren zumeist nur zwei große Parteien miteinander, eine für Popper ideale Situation: „Denn sie führt immer wieder zur Selbstkritik der Parteien. Wenn eine der beiden großen Parteien in einer Wahl eine richtige Schlappe erlitten hat, dann kommt es gewöhnlich zu einer radikalen Reform innerhalb der Partei. Das ist eine Folge der Konkurrenz und des eindeutigen Verdammungsurteils der Wähler, das nicht übersehen werden kann. So werden die Parteien durch dieses System von Zeit zu Zeit gezwungen, aus ihren Fehlern zu lernen oder unterzugehen."[175]

Popper ist sich durchaus darüber bewusst, dass seine Forderung nach nur zwei großen Parteien einer offenen Gesellschaft auf den ersten Blick zuwiderläuft: „Ist nicht die Toleranz einer Vielheit von Meinungen und Theorien, also ein Pluralismus, charakteristisch für die offene Gesellschaft und ihre Wahrheitssuche, und soll sich dieser Pluralismus nicht in einer Vielzahl von Parteien ausdrücken? Meine Antwort: Es ist die Funktion einer politischen Partei, eine Regierung zu stellen oder als Opposition die Arbeit der Regierung kritisch zu überwachen.

---

[174] Alles Leben, S. 212.
[175] Alles Leben, S. 212 f.

Die Anwendung auf die politische Praxis

Zur kritischen Überwachung gehört es, die Toleranz der Regierung gegenüber den verschiedenen Meinungen, Ideologien und Religionen zu überwachen."[176]

Für Popper soll es keine Partei für jede denkbare Gesinnung geben, die Aufgabe der Parteien ist es lediglich, die Spielregeln der demokratischen Gesellschaft einzuhalten und zu schützen und sich gegenseitig zu überwachen. Zwei große Parteien sind für ihn kein Widerspruch zu einem pluralistischen Staat, sondern seine Bedingung. Nicht nur, dass eine Regierung aus vielen Parteien praktisch handlungsunfähig wäre, es ist nicht Sache der Regierung, Werte zu bestimmen.

Mit dieser Sichtweise der Parteien als möglichst ideologiefreie Wächter der Demokratie folgt Popper dem klassisch liberalen Prinzip der Werteneutralität. Als ‚Überwacher' kommt besonders der Opposition eine Schlüsselrolle zu. Pluralismus und Diskussion sollen durch den Staat gesichert werden. So schreibt Popper: „Der Wert einer Diskussion hängt geradezu von der Verschiedenartigkeit der sich messenden Ansichten und Meinungen ab. Gäbe es kein Babel, so müsste man es erfinden. Der Liberalismus setzt seine Hoffnung nicht auf eine Übereinstimmung der Gesinnung, sondern auf die gegenseitige Befruchtung und die daraus folgende Weiterentwicklung der Meinungen."[177]

Es ist also Aufgabe des Staates sicherzustellen, dass Jedermann seine Werte und Ansichten in einem freiheitlich demokratischen Rahmen frei bestimmen darf. Dazu ist eine starke Regierung, aber eben auch eine starke Opposition notwendig, weshalb kleine Parteien, aber auch

---

[176] Alles Leben, S. 214.
[177] Auf der Suche, S. 173.

große Koalitionen die Ausübung der Demokratie behindern.

Popper hält das Proportionalitätswahlrecht also deshalb für demokratiegefährdend, weil zum einen die Parteidisziplin dazu führt, dass die Abgeordneten nicht den Volkswillen, sondern den Parteiwillen repräsentieren. Vor allem aber macht der Proporz es dem Wähler kaum möglich zu sehen, wer wirklich die Verantwortung für eine Entscheidung trägt. Und sogar bei der Abwahl durch die Mehrheit ist es nicht sicher, dass die Regierung auch tatsächlich nicht – mit einem Koalitionspartner – weiterregieren kann. Im Mehrheitswahlrecht allerdings mit seinen üblicherweise zwei starken Parteien sind die Verantwortlichkeiten klar bestimmt und die Regierung wird stets von der jeweiligen – ebenfalls starken – Opposition überwacht.

Diskussion

Der für Popper wichtigste Aspekt seiner Theorie der Demokratie ist es, das Missverständnis von der Demokratie als Volksherrschaft aufzuklären. Denn es führt in der Folge von beleidigten „Wutbürgern" bis hin zu staatsfeindlichen Terroristen.

Entsprechend fasst Harald Stelzer Poppers Theorie der Demokratie so zusammen: „Die Kontrolle der Kontrollgewalt, jener gefährlichen Anhäufung von Gewalt, die im Staate vorliegt, kann man als das grundlegende Problem aller Politik für Popper bezeichnen. Demokratie ist also die Errichtung von Institutionen als Bollwerk gegen Machtmissbrauch."[178] Macht ist notwendig in einer

---

[178] Stelzer, 2009, S. 189.

Demokratie, wenn der Staat handlungsfähig bleiben will. Kritiker, die monieren, dass Liberale ‚Macht' als unnötig abtun, gehen daher fehl.[179]

Dem Einzelnen, so politisch vielversprechend er auch erscheinen mag, ist immer mit Misstrauen zu begegnen – in Form von Institutionen. Ian Jarvie hat Recht, wenn er Poppers Demokratietheorie als ausgesprochen pessimistisch einschätzt, weil dieser jede Regierung „auf die ein oder andere Weise als inkompetent und potenziell kriminell"[180] betrachtet. Aber so ist es eben: Auch die scheinbar perfekte Führungspersönlichkeit – klug, wohlwollend, vielleicht auch noch schön – darf keine uneingeschränkte Macht erhalten. Wir wissen nicht, wie sie sich morgen verhält. Zumal der Mangel an Kontrolle Kritik früher oder später unterdrückt und Verbesserungen unmöglich macht. Genau hier setzt Poppers Demokratieverständnis an, laut Zimmer und Morgenstern „ein politisch-praktisches Falsifikationsprinzip: Eine Regierung ist solange akzeptabel, wie sie keine grundsätzlichen Fehler macht. Danach wird eine neue Regierung gewählt, die der gleichen Kontrolle unterliegt."[181]

Tatsächlich ist für Popper die Demokratie die Zähmung des Dämons Macht mittels Institutionen, mit denen sich das Volk ohne Blutvergießen der Regierung entledigen kann. Entsprechend schreibt Stelzer: „Es ist für ihn einer der wichtigsten Aspekte des sozialen Lebens, das man nicht so sehr gute Menschen als vielmehr gute

---

[179] Vgl. Newey 2001. Auch Honigs (1994), elaboriertere Kritik, nämlich, dass die Liberalen die Macht gänzlich loswerden wollen, ist nicht richtig.

[180] Jarvie, 1998, S. 537; eigene Übersetzung aus dem Englischen.

[181] Zimmer und Morgestern, 2009, S. 99.

Institutionen braucht. Denn auch die besten Menschen können der Korruption der Macht erliegen."[182]

Hans-Joachim Niemann bestimmt Poppers weitreichende Verwendung des Begriffs ‚Institution' näher: „Mit ‚Institution' ist eine feste, als Tradition gesicherte Einrichtung gemeint. In der *Wirtschaft* ist eine solche Institution der Markt, der dafür sorgt, dass schlechte Produktionsmethoden hohe Preise zur Folge haben und dass sie deshalb von selbst verschwinden; genau so wie Produkte, die niemand haben will, aus dem Markt verschwinden. In der *Wissenschaft* sind es die gegenseitige Kritik in den Zeitschriften und die gesellschaftliche Belohnung für den, der anderen einen Fehler nachweisen kann, die für Korrektur sorgen. In der *Politik* sind es die demokratischen Strukturen, das Recht, die Pressefreiheit und ein wenig auch das Wahlkreuz, mit denen Fehler entdeckt bzw. korrigiert werden können."[183] So wichtig Institutionen sind, so wichtig ist auch das Individuum. Denn auch für Popper funktioniert die Demokratie nur dann, wenn ihre Bürger die Werte der offenen Gesellschaft teilen.

Wie sollten Bürger über komplexe finanzpolitische Themen entscheiden? In Fragen der Besteuerung könnte sich etwa die Mehrheit für Enteignungen der reichsten 20 % entscheiden. Die Mehrheit kann sich aber durchaus von politischen Launen und archaischen Trieben leiten lassen. Insofern ist die repräsentative Demokratie auch eine Institution gegen das Diktat der Mehrheit.

Bei all seinem Misstrauen hält Popper doch viel vom Volksentscheid. Hier stimmt er überein mit dem moder-

---

[182] Stelzer, 2009, S. 189.
[183] Niemann, 1994, 57; Hervorhebung im Original.

nen Diskurs zur „Wisdom of the Crowd": Die Mehrheit ist hervorragend darin, Gegebenes zu verbessern.[184] Allerdings kann sie selbst nicht konstruktiv tätig werden, hier zeigt sich die „Ignorance of the Crowd".[185]

Das Volk darf über die Verantwortlichen abstimmen, denn das Wahlergebnis ist der Urteilsspruch des Volkes. Doch muss die Verantwortung der Regierung klar zu erkennen sein, weshalb Popper das Proportionalitätswahlrecht scharf kritisiert: Hier wird das Absetzen der Regierung durch die Undurchschaubarkeit der Verantwortung erheblich erschwert.

Betrachtet man die Stückwerk-Sozialtechnik in Kombination mit Poppers Demokratieverständnis, dann wird noch ein weiterer Punkt offenbar, auf den sich Popper nur zwischen den Zeilen bezieht: Demokratie ist für ihn die effizienteste aller Staatsformen. Doch sind demokratische Parlamente immer wieder Gegenstand von Kritik und werden als „Schwatzbuden" verspottet. Zwar sei Demokratie moralisch geboten, effizient aber sei die starke Hand eines – am besten – wohlwollenden Despoten, der nicht lange fackelt, sondern Entscheidungen fällt.

Das mag auf den ersten Blick einleuchtend klingen, ist aber falsch. Tatsächlich sind es die demokratischen Staaten, die die effizientesten und reichsten der Welt sind. Zwar dauert die Entscheidungsfindung länger als in einer Tyrannei, doch führt diese offene Diskussion mit dem Elaborieren des Für und Wider – institutionalisiert in der teuflischen Advokatengestalt der Opposition – zumeist zu besseren Ergebnissen als ein Schnellschuss. Und da jede Handlung zu unerwünschten Nebenwirkungen

---

[184] Surowiecki, 2004.
[185] Carr, 2007.

führt, ist auch die anschließende offene Diskussion von unschätzbarem Wert. Denn nur diese Diskussion – die in einer Diktatur unerwünscht ist – vermag es, Fehler zu korrigieren. Treffend schreibt Bryan Magee: „Regierungen, die öffentliche Debatten und Kritik ihrer Handlungen verbieten, werden viel länger bei ihren Fehlern, teuren und schädlichen Handlungen bleiben; und weil es sich um Tätigkeiten einer Regierung handelt, werden diese Fehler in der Regel in großem Maßstab gemacht."[186] Diskussionen sind daher notwendig und je schneller Mängel entdeckt werden, desto weniger Unheil richten sie an – ein einzigartiger Vorteil der offenen Gesellschaft.

4. Der Übergang von der Geschlossenen zur Offenen Gesellschaft

Die Sehnsucht nach der Sicherheit und Geborgenheit der „Stammesgesellschaft" ist für Popper eine der größten Gefahren für die offene Gesellschaft. Denn er ist der Überzeugung, dass uns das Bedürfnis nach einer Stammeszugehörigkeit geblieben und wir daher für entsprechende Verführungen empfänglich sind.

Unter der Stammesgesellschaft versteht Popper die Gesellschaftsform der primitiven, geschlossenen Gesellschaft: „Kleine Kriegerbanden, die gewöhnlich in befestigten Niederlassungen lebten, die von Stammeshäuptlingen oder Königen oder von aristokratischen Familien regiert wurden."[187] Charakteristisch für diese Gesellschaft ist, dass sie zwischen Natur und Konvention nicht unter-

---

[186] Magee, 1999, S. 150.
[187] OG I, S. 205.

scheidet; von Menschen geschaffene Gesetze werden zu Naturgesetzen erklärt: „Sie lebt in einem Zauberkreis unveränderlicher Tabus, Gesetze und Sitten, die als ebenso unvermeidlich empfunden werden wie der Aufgang der Sonne, der Kreislauf der Jahreszeiten oder ähnliche klare Regelmäßigkeiten des Naturverlaufs."[188] Die zahlreichen Tabus verbieten es, sich mit einer Vielzahl von Fragestellungen auch nur zu beschäftigen. Die Regeln des gemeinsamen Miteinanders werden also nicht als Konventionen wahrgenommen, sondern als Naturgesetze, weshalb es keine Hinterfragung gibt.

Erst der Vergleich mit anderen machte es überhaupt möglich, an der Unverrückbarkeit der scheinbar unverrückbaren Gesetze zu zweifeln. Seeverbindungen und Überseehandel ließen uns andere Völker kennenlernen und dieser Kontakt mit anderen gab uns die Erkenntnis, dass „die Tabus von Stamm zu Stamm wechseln, dass sie vom Menschen gesetzt und durchgesetzt werden und dass man sie ohne unerfreuliche Nachwirkung übertreten kann, sobald es nur gelingt, den Sanktionen der Mitmenschen zu entkommen."[189] Dies führte zu einer kritischen Evaluation der Tabus, die dann eben keine mehr sind – der Weg in die offene Gesellschaft ist geebnet: „Der Übergang findet statt, sobald soziale Institutionen bewusst als Menschenwerk erkannt werden und sobald man ihre bewusste Änderung diskutiert, indem man ihre Eignung für die Erreichung menschlicher Zwecke oder Ziele untersucht."[190]

---

[188] OG I, S. 69.
[189] OG I, S. 73.
[190] OG I, S. 376.

Laut Popper sind wir allerdings noch am Anfang, wir befinden uns im „Übergang von der geschlossenen zur offenen Gesellschaftsordnung."[191] Dieser Übergang ist eine fundamentale Umwälzung unserer Lebensform, die noch immer als eine gewaltige Erschütterung empfunden wird. Wir haben uns von diesem Schock noch nicht erholt und haben daher noch immer eine Schwäche für Anknüpfungen an die alte Stammesgesellschaft.

Schließlich bietet die Stammesgesellschaft dem Menschen Sicherheit in einer unsicheren, bedrohlichen Welt: „Von Feinden umgeben und von gefährlichen oder sogar bösartigen magischen Kräften, erleben sie die Stammesgemeinschaft, wie ein Kind die Familie und das Heim erlebt, in dem es seine wohlbestimmte Rolle einnimmt; eine Rolle, die es gut kennt und gut spielt. Der Zusammenbruch der geschlossenen Gesellschaft, der, wie wir sahen, die Klassenprobleme und andere Probleme des sozialen Status schafft, muss auf den Bürger dieselbe Wirkung gehabt haben, die ein ernsthafter Familienstreit und die Auflösung des Familienheimes in den meisten Fällen auf die Kinder der Familie haben wird."[192]

Wie die Auflösung des Familienheimes die schwachen, unselbständigen Kinder besonders erschüttert, so trifft auch die Last der Freiheit die Haltlosen in der Gesellschaft. Schließlich hat die neugewonnene Freiheit auch etwas Mühseliges: Jeder ist nun auf sich alleine gestellt und trägt die Verantwortung für sein eigenes Leben. Zumal jeder weiß, dass er nun prinzipiell alles erreichen könnte: Gesellschaftliche Positionen sind nicht mehr un-

---

[191] OG I, S. 210.
[192] OG I, S. 211.

veränderbar und so kommt es zu einem ständigen Wettbewerb. Das ist anstrengend und kann zur Enttäuschung und Frustration führen. In der Stammesgesellschaft hatte jedes Mitglied seinen festen, unveränderlichen Platz: „die Beine zeigen keine Bestrebungen, zum Gehirn zu werden, noch streben andere Glieder des Körpers danach, die Funktion des Magens zu übernehmen. Nichts im Organismus entspricht einem der wichtigsten Kennzeichen der offenen Gesellschaft, dem Wettstreit ihrer Mitglieder um die Stellung."[193]

Erschwerend hinzu kommt der moderne Wegfall der Religion. Denn der Glaube „schränkte ihre Verantwortlichkeit ein. Der neue Glaube, dass sie die Welt selbst regieren müssen, schuf für viele eine nahezu unerträgliche Last an Verantwortung."[194]

Zurück zum Stamm?

Doch was spricht gegen eine Rückkehr zur alten Stammesgesellschaft, die das Individuum vom Joch der Verantwortung befreit, etwa im Sinne Rousseaus „Zurück zur Natur!"? Laut Popper geht diese romantische Sehnsucht von einem Mythos aus. Denn das Leben im angeblichen Stammesparadies war stets von „Angst und der

---

[193] OG I, S. 207 f. Damit, so fügt Popper an gleicher Stelle hinzu, ist auch gezeigt, dass der oft herangezogene Vergleich des Organismus mit einer offenen Gesellschaft völlig verfehlt ist. Er hält das nicht nur für falsch, sondern für „verkappte Formen einer Propaganda ..., die die Rückkehr zur geschlossenen Gesellschaft, zur Stammesgesellschaft, predigt." (OG I, S. 208).
[194] OG I, S. 32 f.

Furcht vor den dämonischen Kräften hinter der Natur" begleitet.[195]

Sogar dann, wenn wir diesen Urzustand vorziehen, so gibt es keinen zivilisierten Weg zurück. Kritisches Hinterfragen und die Infragestellung von Glaubenssätzen sind in der geschlossenen Gesellschaft buchstäblich tabu. Wir müssten also unsere intellektuellen Fähigkeiten über Bord werfen: „Wenn wir erst mit der Unterdrückung von Vernunft und Wahrheit beginnen, dann müssen wir mit der brutalsten und heftigsten Zerstörung alles dessen enden, was menschlich ist. *Es gibt keine Rückkehr in einen harmonischen Naturzustand. Wenn wir uns zurückwenden, dann müssen wir den ganzen Weg gehen – wir müssen wieder zu Bestien werden.*"[196]

Abgesehen von diesen enormen Hindernissen gibt es ein praktisches Argument gegen die Rückkehr zur Stammesgemeinschaft: Die Stämme existieren schlicht nicht mehr, sie sind vermischt. Genauso sind für Popper die Nationalstaaten, die im Europa des 19. Jahrhunderts an Bedeutung gewannen und auch heute noch die übliche Art sind, Bevölkerungen voneinander abzugrenzen, unsinnig: „Die Bevölkerung Europas ist, wie jeder weiß, das Produkt von Völkerwanderungen. Seit Menschengedenken kam eine Menschenwelle nach der anderen aus den innerasiatischen Steppen, um an den südlichen, südöstlichen und vor allem an den zerklüfteten westlichen Halbinseln Asiens, die wir Europa nennen, auf frühere Einwanderer aufzuprallen und zu zersplittern. Das Resultat ist ein sprachliches, ethnisches und kulturelles Mosaik: ein Wirrwarr, ein Gemisch, das unmöglich wieder

---

[195] OG I, S. 410.
[196] OG I, S. 238; Hervorhebung im Original.

zu entwirren ist …. Aber inmitten dieses europäischen Wirrwarrs ist nun die irrsinnige Idee des Nationalitätenprinzips entstanden".[197]

Kurios ist, dass dieser Nationalismus gerade in Deutschland erstarkte, einem der heterogensten Teile Europas. Popper hält dies für eine Folge der Napoleonischen Invasion, für ihn eine typische Reaktion „des Stammesbewusstseins gegen die Ausdehnung eines übernationalen Reiches."[198] Das ändert aber nichts am Irrwitz. Noch beim Wiener Kongress wurde Preußen als „Slawisches Königreich" genannt und Brandenburg und Mecklenburg galten als Länder, die von „germanisierten Slawen" bevölkert seien. Doch bezeichnete knapp hundert Jahre später der Nazi-Funktionär Heinrich Himmler die Slawen in seinem Büchlein *Der Untermensch* als ebensolche, die daher von den Deutschen zu knechten seien. Dass es nun auch slawische Nazis gibt, schließt den Kreis der Absurdität.

So fasst Popper zusammen: „Das Prinzip des Nationalstaates ist aber nicht nur unanwendbar, es wurde außerdem niemals klar durchdacht. Es ist ein Mythos, ein irrationaler romantischer und utopischer Traum, ein Traum von Naturalismus und Stammeskollektivismus."[199] Eigentlich drollig, wenn es nicht so brandgefährlich wäre.

---

[197] Auf der Suche, S. 131 f.; vgl. auch OG II, S. 61 f.
[198] OG II, S. 66.
[199] OG II., S. 62.

Diskussion

Popper zeigt, wie ein entscheidender Schritt auf dem Weg von der geschlossenen zur offenen Gesellschaft die Abkehr vom Stammesleben war. Möglich wurde sie erst, als die Menschen erkannten, dass Tabus von Stamm zu Stamm variieren, sie also keineswegs feststehen. Erst die Bekanntschaft mit anderen Kulturen bringt die Gepflogenheiten der eigenen Heimat auf den Prüfstand und erlaubt die Loslösung von scheinbar Unabänderlichem.

Es überrascht daher kaum, dass ausgerechnet Europa, diese relativ kleine Fläche mit ihren etlichen Völkern, die am höchsten entwickelte Zivilisation der bekannten Menschheitsgeschichte hervorgebracht hat. Auf engstem Raum lebte hier Kultur an Kultur, was zur ständigen Infragestellung alles Gegebenen führte und die Abkehr der Stammesgesellschaft beschleunigte. Ob durch Emigration, durch Handel oder auch nur durch das Reisen: der Zusammenprall der Kulturen ist für Popper ausgesprochen positiv und der Motor schlechthin für die Entwicklung der Zivilisation.

Doch fühlt sich der Mensch darin oft unwohl – Sigmund Freud sprach dabei vom „Unbehagen in der Kultur".[200] Die moderne Welt, so schreibt Georg Kohler, birgt: „Chancen, die natürlich auch das Risiko einschließen, im Kampf um materielle Güter und um Prestige nicht zu reüssieren."[201] Denn „Menschen entgleitet der Halt, sie vereinsamen, verlieren in den anonymen Kreisläufen der ohne Unterlass mobilisierten Welt ihre Selbstgewissheit

---

[200] Auf diese Parallele zwischen Popper und Freud hat Bryan Magee aufmerksam gemacht (Magee, 1973, S. 84).
[201] Kohler, 2001, S. 3.

und Orientierung. So oft diese Mechanismen beschrieben worden sind, so wenig sind sie verschwunden."[202]

Wie ein Damokles-Schwert hängt unsere romantische Sehnsucht über der offenen Gesellschaft. Die Sehnsucht nach dem Stammesleben manifestiert sich im Erfolg von Populisten, die eine abstruse Volksgemeinschaft beschwören. Tatsächlich braucht es kaum mehr als eine Flagge, eine Hymne und ein paar Reden – schon gibt es glühende Patrioten.[203] Ebenso findet man leicht Fußball-Fans, die ihr urzuständliches Ebenbild – die Fans des anderen Teams – hassen, weil es einem anderen „Stamm" angehört.

Interessant sind die separatistischen Bewegungen zahlreicher Populisten, die eine kleine Volksgemeinschaft einschwören. Auch dieser Gedanke, dass der Staat klein bleiben solle, ja am besten lediglich ein Stadtstaat sein solle, da sonst seine Einheit gefährdet wäre, geht bereits auf Platon zurück.[204]

Ironischerweise haftet Poppers Betrachtung unserer Sehnsüchte nach der Stammesgesellschaft, wie John Watkins zu Recht bemerkt, ein Hauch von Hegel („a whiff of Hegel") an – seinem philosophischen Erzfeind.[205] Denn Popper scheint davon auszugehen, dass die ‚Last der Zivilisation' ihre Spuren in unserem kollektiven „Menschheitsgedächtnis" hätte, gerade so als ob sie eine organische Einheit mit allen folgenden Generationen bildete.

Doch entspricht es nicht unserer Natur, im Stamm zu leben? Das mag schon sein, doch hält Popper den Verweis

---

[202] Kohler, 2001, S. 3.
[203] Vgl. Taleb, 2007, S. 5.
[204] Vgl. OG I, S. 95.
[205] Vgl. Watkins, 1999, S. 101 ff.

auf die menschliche Natur für irrelevant; sie als höchste Norm anzusehen, „führt nicht zu einer natürlicheren Zivilisationsform, sondern zur Rohheit."[206] Wer die Natur als Maßstab nimmt, vergisst, dass „das Interesse an Kunst, Wissenschaft oder sogar das Interesse an den naturalistischen Argumentationen"[207] offenkundig *nicht* natürlich ist. Popper steht hier wieder ganz in der Tradition John Stuart Mills: „Konformität mit der Natur hat keinerlei Verbindung mit richtig oder falsch ... die kriminellsten Handlungen sind für einen Menschen nicht unnatürlicher als die meisten Tugenden."[208]

In diesem Zusammenhang wurde Popper immer wieder von Denkern kritisiert, die die Betonung der Gemeinschaft hervorheben und die Betonung der Individualität im Liberalismus ablehnen. Die sogenannten Kommunitaristen etwa – zum Beispiel Alasdair MacIntyre und Amitai Etzioni – sehen darin eine egoistische Gesellschaft, in der Solidarität und Gemeinwohl bedeutungslos sind.

Popper liegt in der Tat nichts ferner, als die Gemeinschaft zu glorifizieren. Doch kommt – übrigens ganz in der Tradition des klassischen Liberalismus – auch bei Popper nicht nur der Freiheit, sondern auch der Verantwortung des Individuums eine Schlüsselrolle zu.[209] Die

---

[206] OG I, S. 85.
[207] OG I, S. 85.
[208] Mill 1998, S. 62; eigene Übersetzung aus dem Englischen. Stephen Law etwa macht in diesem Zusammenhang auf die Unnatürlichkeit der Hygiene aufmerksam, die er für eine große Errungenschaft unserer Zivilisation hält (Law 2003, S. 13 f.).
[209] Ausführlich dazu: Stelzer, 2004 und 2009 und auch Kochan, 2009.

Verantwortung, von denen Kommunitaristen sprechen, kann es ohne Freiheit nicht geben.

Allerdings entspringt diese Verantwortung dem freien Willen und nicht dem Druck der Gemeinschaft. Stelzer schreibt dazu: „Die individuelle Verantwortung ist für Popper gerade dann gefährdet, wenn man dem Staat die Aufgabe zuerkennt, sich um die Moral der Bürger zu kümmern und das sittliche Leben zu kontrollieren. ... Dies hätte nach Popper jedoch das Ende der moralischen Verantwortung des Individuums zur Folge und würde somit die Sittlichkeit nicht verbessern, sondern zerstören."[210]

Der Einzelne kann nicht zur Solidarität gezwungen werden. Er ist für Popper nicht frei, „weil er frei geboren, sondern weil er mit einer Last geboren ist – mit der Last der Verantwortung für die Freiheit seiner Entscheidungen".[211] Entsprechend schreiben Zimmer und Morgenstern: „Die Realisierung der Werte der Humanität, Freiheit und Toleranz in einer Gesellschaft erfordert jedoch, wie Popper stets betont hat, den aktiven Einsatz möglichst vieler Menschen."[212]

Trotz ihrer unterschiedlichen Auffassungen treffen sich Liberale und Kommunitaristen hier wiederum – beide verurteilen den Totalitarismus, weil er durch seine Beschneidung der persönlichen Freiheit die Verantwortung zerstört. Poppers Pessimismus aber verbietet ihm, sich auf den Einzelnen zu verlassen.

---

[210] Stelzer, 2004, S. 196 f.
[211] OG I, S. XXIX.
[212] Zimmer und Morgenstern, 2015, S. 188.

Schlussbetrachtung

Gegenstand dieses Buches waren die Voraussetzungen und Grundlagen von Sir Karl Poppers politischer Philosophie. Seine Staatstheorie setzt sich aus vier Säulen zusammen: der Kritik an der Utopie, der Stückwerk-Sozialtechnik, der Theorie der Demokratie und schließlich seiner Betrachtung der Stammesgesellschaft.

Poppers Staatstheorie ging aus seiner Wissenschaftstheorie hervor, die das Fundament seines gesamten Opus' darstellt. Sie ist so gehaltvoll, dass sich ihre Relevanz nicht daran misst, ob die Marx- oder Platon-Kritiken zutreffend sind oder ob Hegel nun tatsächlich ein Scharlatan war oder nicht.

Die Erkenntnis, dass kein Wissen sicher ist, und die mit ihr verbundene kritische Einstellung stellt den Ausgangspunkt dieser Methode dar. Sie führt zur Ablehnung jeglicher Träumereien von Utopien oder der Rückkehr zum Stammesleben. Sie plädiert für die Institutionalisierung von Schutzvorrichtungen gegen Machtmissbrauch. Die politische Methode selbst besteht darin, Fehler schrittweise zu korrigieren und lässt sich folgendermaßen zusammenfassen:

1. Eine Vision, die die gesamte Gesellschaft neu ordnen will, ist Unsinn.
2. Die effizienteste Politik ist die der ständigen Diskussion und der kleinen Schritte.

3. Demokratie war niemals die Herrschaft des Volkes, sondern nur Vermeidung des Machtmissbrauchs durch die Möglichkeit, Regierende ohne Blutvergießen loszuwerden.
4. Wir sind noch immer empfänglich für die Stammesgesellschaft, doch wäre eine Rückkehr brandgefährlich. Der Zusammenprall von Kulturen dagegen ist der Motor der Zivilisation.

Die Einheit der Methode

Können wir tatsächlich die Methodik der Naturwissenschaften auf die Sozialwissenschaften übertragen? Gibt es nicht gravierende Unterschiede, etwa naturwissenschaftliche empirische „Wahrheiten", die es bei sozialen Fragestellungen niemals geben kann? Nein, denn Sicherheit gibt es auch in den Naturwissenschaften nicht, wie etwa Einstein mit der Zerschlagung von Newtons jahrhundertealter Theorie zeigte. Wir verfügen stets nur über *Vermutungswissen* – eine Letztbegründung gibt es nicht. Daher spricht Popper vom *Szientismus*, von der Einheit der Methode. Dazu schreibt er: „Wenn wir aber unter ‚Szientismus' die Ansicht verstehen sollen, dass die Methoden der Sozialwissenschaften in beträchtlichem Ausmaß dieselben sind wie die der Naturwissenschaften, dann müsste ich mich wohl der Anhängerschaft des ‚Szientismus' schuldig bekennen."[213]

Für Popper ist die Welt der Wissenschaft das Ideal einer offenen Gesellschaft. Doch gibt Helmut Spinner zu bedenken, dass bei politischen Diskussionen – anders

---

[213] OG I, S. 364.

als bei naturwissenschaftlichen – Meinungsverschiedenheiten „nicht zunehmende Rationalität, Objektivität, Friedlichkeit, etc. bewirken, sondern im Gegenteil zu mehr Polarisierung und Aggression führen"[214]. Es mag schon sein, dass politische Debatten hitziger sind, wenngleich auch naturwissenschaftliche Debatten weitaus rechthaberischer geführt werden, als es das Ideal des Wahrheitssuchers annimmt. Hans Albert hält die Wissenschaftswelt gar für ein Konstrukt aus Abhängigkeiten – vergleichbar mit Finanzmärkten – „ein internationales Netzwerk institutionell gestützter Aktivitäten, das vielfältigen äußeren Einflüssen ausgesetzt ist, vor allem auch den Einflüssen staatlicher Organe und wissenschaftlicher Organisationen."[215] Doch muss diese Frage gar nicht entschieden werden. Denn ob die Diskussion nun hitzig geführt wird oder nicht, ändert nichts an den Regeln der Logik. Bei einer Debatte über etwas rein Sachliches wie das Datum der Konferenz gelten auch keine anderen Logik-Regeln als bei der Konferenz-Diskussion über weibliche Beschneidung.

Doch sind nicht auch die Ziele grundverschieden? Ziel der Naturwissenschaften ist schließlich das Verstehen der Vorgänge und Zusammenhänge in der Natur, für die die „Wahrheit" – wie schon erläutert – stets die regulative Idee ist. Welche Wahrheit aber sollte das in der Politik sein? Tatsächlich gibt es in der Politik andere regulative Ideen, wie Hans Albert und Friedrich von Hayek anmerkten, etwa die der Gerechtigkeit. Ziel einer Sozialpolitik also wäre etwa Gerechtigkeit innerhalb der Gemeinschaft. Doch was bedeutet Gerechtig-

---

[214] Spinner, 1978, S. 79.
[215] Albert, 2004, S. 38; vgl. auch Notturno, 1999.

keit? Ist Umverteilung gerecht? Oder, dass jeder das behält, was er erbt oder erwirtschaftet? Und genau hier liegt der methodische Hauptunterschied zwischen den Naturwissenschaften und der Staatstheorie. Anders als bei den Naturwissenschaften können in der Politik regulative Ideen ersetzt werden: Der Sozialist kann die Stückwerk-Sozialtechnik zur Erreichung seiner Idee von Gleichheit einsetzen, der Liberale kann sie für sein Ziel der Freiheit verwenden.

Ein weiterer gravierender Unterschied zwischen den beiden Wissenschaftskulturen ist allerdings die Rolle und Gewichtung der Fehlerausmerzung: Die Falsifikation in der Naturwissenschaft ist begrüßenswert, in der Politik aber kann sie gefährlich sein. Eine falsche, kühne Theorie richtet in der Naturwissenschaft zumeist nur wenig Unheil an. Insofern sollte der Politiker weniger kühn vorgehen als der Naturwissenschaftler und umso schneller auf Falsifikationen reagieren. Immerhin sind Veränderungen im Rahmen einer Politik der kleinen Schritte überschaubar und ein Desaster weniger wahrscheinlich. Es wäre wünschenswert, wenn sich das Eingestehen von Fehlern positiv und nicht negativ auf den beteiligten Politiker auswirken würde. In der von Wählerstimmen abhängigen Demokratie erscheint das als frommer Wunsch, doch gibt es durchaus Ansätze aus der Organisationstheorie, die Gemeinschaften zu einem Kulturwandel verhelfen, damit Fehler nicht als Peinlichkeit, sondern als notwendiger Schritt zur Verbesserung betrachtet werden.[216]

Insofern gibt es gewisse, nicht aber grundlegende, Unterschiede zwischen den Naturwissenschaften und Poppers Staatstheorie. Allerdings unterscheiden sich auch die

---

[216] So etwa Garvin (2000), DeLong (1997) und Argyris (1991).

verschiedenen Naturwissenschaften voneinander: Während der eine Forscher nach der absoluten Erkenntnis strebt, möchte der andere ein praktisches Problem lösen. Insofern ist der Kern der Methode ähnlich genug, um von einer Einheit der Methode zu sprechen.

Alles Popper?

An der eben besprochenen Austauschbarkeit der Ziele setzt eine weitere Kritik an. Helmut Spinner spricht in diesem Sinne vom „*Jedermannspopper*: für alle nützlich, aber niemandem hilfreich und zu nichts wirklich zu gebrauchen."[217] Der kritische Rationalismus ist für Spinner daher eine „Gemeinschaftsphilosophie für Liberale, Sozialisten und Christen, für Progressivisten, Reformisten und Konservative, am Rande vielleicht sogar für (nichtmarxistische) Radikale und (intelligente) Reaktionäre, für Linke und Rechte, vor allem aber für die große Schar der Weltkinder in der Mitten [sic], ein ‚roter', ‚schwarzer', farblos-neutraler Popper, wie gerade gefragt, bestellt und geliefert; kurz: ein *Allzweck-Popper für jedermann*, für die geistige Elite und für die breite Masse, für jeden Bedarf, in jeder Lebenslage? Der kritische Rationalismus als Universalphilosophie, als neue Allerweltsideologie: Sag', was du zu sagen hast, immer gesagt hast und weiterhin sagen willst – aber sag' es mit *Popper*?!"[218]

Popper ist sich dieser Offenheit seiner Staatstheorie bewusst und schreibt über den Anwender seiner Methode: „Seine Ziele können sehr verschiedener Art sein,

---

[217] Spinner, 1978, S. 56.
[218] Spinner, 1978, S. 57.

etwa die Ansammlung von Reichtum oder Macht in den Händen bestimmter Individuen oder Gruppen, die Verteilung des Reichtums und der Macht, der Schutz bestimmter ‚Rechte' von Individuen oder Gruppen usw. Die öffentliche oder politische Sozialtechnik kann also die verschiedensten Tendenzen aufweisen, sowohl totalitärer als auch liberaler Richtung."[219] Durch diese beliebige Zielsetzung erlaubt es Popper tatsächlich Politikern unterschiedlichster Couleur, sich auf ihn zu berufen.

Dieses Fehlen konkreter politischer Inhalte in Poppers Staatstheorie wird aus den unterschiedlichsten Lagern heraus kritisiert. Allerdings handelt es sich gar nicht um eine Mangelhaftigkeit, schließlich liefert Popper in seiner Wissenschaftstheorie auch keine physikalischen Theorien. Von politischen Philosophen aber wird scheinbar anderes erwartet, so schreibt der Historiker Joachim Fest trefflich, dass die Menschen ein elementares Bedürfnis nach gesellschaftlichen Theorien haben, die „das ganze verworrene Erdendurcheinander wie mit einem Schlage aus seiner Undurchschaubarkeit ... lösen."[220] Das tut Popper bewusst nicht, im Gegenteil: Mit seiner Kritik an den ‚falschen Propheten' zeigt er, dass es gar nicht möglich ist, zu einer solchen Erkenntnis zu gelangen – Popper möchte die Welt nicht erklären, er hält ein politisches Allheilmittel für Unsinn.

Insofern ist es durchaus möglich, dass sich Menschen unterschiedlichster Gesinnungen auf Popper berufen können, vor allem dann, wenn sie die anderen Aspekte seiner Theorie ignorieren. Denn betrachtet man nur die

---

[219] Elend, S. 53 f.
[220] Fest, 1991. Es sei noch hinzugefügt, dass sich Fest explizit auf die Deutschen bezieht.

Stückwerk-Sozialtechnik, so hätte sich auch der größte Despot ihrer bedienen können, um seine gefährliche Vision zu erreichen. Doch würde er damit gegen Poppers Gebote der offenen Diskussion und der Kontrolle demokratischer Institutionen verstoßen.

Und damit fällt auf, dass sich so einige, die gern Popper zitieren, nur oberflächlich mit ihm auseinandersetzten – ein auf den ersten Blick dürftiges Vorgehen. In weiten Teilen wurde Popper tatsächlich nur grob verzerrt wiedergegeben oder gar missverstanden (so etwa von Václav Havel).[221] Andererseits: Sich Gedanken eines Philosophen selektiv anzueignen und nicht jede Fußnote des Gesamtopus zu kennen, ist niemandem, schon gar nicht dem interessierten Praktiker, vorzuwerfen. Zumal Popper es ihm nicht leichtmacht. Nicht nur, dass er auf eine zusammenhängende Darstellung seiner Staatstheorie verzichtet hat, er entwarf lediglich ein Ideal der Politik, nicht aber eine Theorie dieser Praxis.

Wer ist er nur?

Von *Poppers Staatstheorie* zu sprechen ist nicht unproblematisch. Denn Popper änderte seine Theorie im Laufe der Zeit durchaus. Heyt stellt fest, dass Popper „den strengen Falsifikationismus schon bald mit einer dogmatischen Verteidigung von Hypothesen und Theorien ergänzt hat. Außerdem hat sich der Fokus seiner Wissenschaftslehre allmählich vom szentifischen Demarkationismus [Abgrenzungskriterium] zum erkenntnistheoretischen Evolutionismus verlagert. ... Die Jahre

---

[221] Ausführlicher in Nasher-Awakemian, 2005.

hindurch unverändert geblieben sind allenfalls sein Bekenntnis zum philosophischen Realismus, die Idee der Fehlbarkeit der Vernunft und seine Lösung des Induktionsproblems."[222] Doch möchte Popper glaubhaft machen, dass seine Gedanken Jahrzehnte überdauerten und unverändert geblieben sind, vielleicht um ihre Beständigkeit hervorzuheben. Heyt etwa vermutet, dass Popper die Neuauflage der Logik der Forschung 1979 nur deswegen dermaßen unübersichtlich mit Korrekturen und Fußnoten übersät hat, weil er die wesentlichen Veränderungen in seiner Theorie kaschieren wollte.[223] Poppers Lösungen der beiden Grundprobleme der Erkenntnistheorie blieben jedenfalls bestehen.

In seiner Staatstheorie bleibt Popper ein Liberaler im klassischen Sinn, denn in der Tradition des klassischen Liberalismus fordert er zu aller Zeit die Freiheit des Individuums und die Werteneutralität des Staates: „Wir brauchen die Freiheit, um den Missbrauch der Staatsgewalt zu verhindern, und wir brauchen den Staat, um den Missbrauch der Freiheit zu verhindern."[224] Anders als Libertäre wie Robert Nozick oder Gérard Radnitzky hat er aber zu allen Zeiten eine gewisse Erwartungshaltung an den Staat, die sich lediglich leicht änderte: zu Anfang mit einem sozialdemokratischen Einschlag, später mit einem konservativeren – Popper verficht jedoch immer den Wohlfahrtsstaat und geht dabei relativ weit: „In einem Staat, der es versäumt, die Bürger auch vor dem Mißbrauch der ökonomischen Gewalt in Schutz zu nehmen ... steht es dem ökonomisch Starken noch immer

---

[222] Heyt, 2002, S. 13.
[223] Heyt, 2002, S. 11 ff.
[224] Popper, 2016, S. 262.

frei, einen Menschen, der ökonomisch schwach ist, zu tyrannisieren und ihn seiner Freiheit zu berauben. ... wer einen Überschuß an Nahrungsmitteln besitzt, der kann die Hungrigen ohne jede Anwendung von Gewalt zwingen, sich ‚freiwillig' in die Knechtschaft zu begeben." Er sieht keinen Widerspruch zwischen staatlicher Intervention und einem Liberalismus, denn: „Freiheit ist unmöglich, wenn sie nicht durch den Staat gesichert wird."[225] An anderer Stelle sieht er es als Aufgabe des Staates an, darauf zu „achten, daß niemand aus Furcht vor Hunger oder wirtschaftlichem Zusammenbruch ein ungerechtes Abkommen zu schließen braucht."[226] Hardy Bouillon merkt hier zu Recht an, dass Popper damit die Selbstregulierungsmechanismen des Marktes praktisch aushebeln möchte.[227] In späteren Jahren rückt Popper noch weiter von liberalen Positionen ab und möchte beispielsweise dem Staat gar eine Zensur von Gewalt im Fernsehen zugestehen, da das Fernsehen seiner Ansicht nach für die Verrohung der Jugend verantwortlich sei.[228]

Doch sind derartig weitreichende Forderungen Fremdkörper in Poppers Philosophie und wohl eher tagesaktuellen Launen oder einer Alterskonservativität geschuldet. Bryan Magee schreibt über Poppers Wandlung: „Wie so viele Leute bewegte er sich in seinen mittleren Jahren nach rechts, und zur Zeit seines Todes wäre er von den meisten als konservativ betrachtet worden – obwohl er sich bis an das Ende seiner Tage als Liberalen gesehen hat, im klassischen Sinn des Wortes, das jemanden be-

---

[225] OG I, S. 133.
[226] OG II, S. 146.
[227] Vgl. Bouillon, 2002, S. 148.
[228] Popper, 2000, S. 31 ff., S. 58 ff.; vgl. dazu auch Stelzer, 2004, S. 197.

zeichnet, für den individuelle Freiheit den obersten Wert der Politik darstellt."[229]

Passender zu seiner gesamten Philosophie ist wohl eher eine Stelle der Offenen Gesellschaft, in der er der Auffassung ist, „dass jedermann das Recht haben soll, sein eigenes Leben zu gestalten, wie er will, solange er dadurch das Leben anderer nicht zu sehr stört."[230]

Es ist festzuhalten, dass Popper nach der Veröffentlichung seiner *Logik der Forschung*, dem *Elend des Historizismus* und der *Offenen Gesellschaft* zwar noch 50 Jahre vor sich hatte, in denen er beständig arbeitete. Doch hätte Popper nach seiner Reise von Neuseeland nach England im Jahr 1946 die Philosophie an den Nagel gehängt und wäre wieder Tischler geworden, hätte es seinem philosophischen Opus kaum einen Abbruch getan. Danach wurde Popper vom Philosophen zum PR-Mann in eigener Sache. Mit zahllosen Vorträgen und Aufsätzen brachte er seine Gedanken in die Welt. Philososphisch handelt es sich dabei – mit Ausnahme der Präzisierungen zu seinem Demokratieverständnis – eher um Verwässerungen (*Verisimilitude*) und Unausgegorenem (*Theorie der Drei Welten*)[231].

---

[229] Magee, 1999, S. 152; eigene Übersetzung aus dem Englischen.

[230] OG 1, S. 197 f.

[231] Morscher (2004, S. 169 ff.), hat gezeigt, dass diese Theorie eine Verschlechterung einer Theorie Bernard Bolzanos ist.

Schluss

Karl Popper gilt als einer der prägendsten politischen Philosophen seiner Epoche. Das *Time Magazin* etwa zählt *Die offene Gesellschaft und ihre Feinde* zu den 100 einflussreichsten Büchern, die nach dem zweiten Weltkrieg erschienen sind.

Doch erscheinen die Gedanken Poppers mittlerweile geradezu selbstverständlich. Denn „Poppers Ideen gehen so tief und sie sind so unoffensichtlich revolutionär in ihren Konsequenzen, dass es selten ist, jemanden anzutreffen, der ein gutes Verständnis von ihnen hat"[232], schreibt Bryan Magee völlig zu Recht.

„Freilich", so Edmonds und Eidinow, „ist das die Kehrseite des Erfolges, nicht der Preis des Scheiterns. Viele der politischen Ideen, die 1946 so radikal wirkten und so wichtig waren, sind mittlerweile Allgemeingut geworden. … Sollten jedoch Kommunismus, Faschismus, aggressiver Nationalismus oder religiöser Fundamentalismus wieder erstarken und die internationale Ordnung bedrohen, würde man Poppers Bücher entstauben und sich ihre Argumente neu aneignen müssen."[233] So ist es kein Wunder, dass Poppers Gedanken während des Kalten Kriegs in etlichen totalitär regierten Ländern, vom faschistischen Spanien über Portugal bis nach Osteuropa, der Sowjetunion und China, im Untergrund kreisten und den Widerstand intellektuell festigten. Im Keller der Budapester Universitätsbibliothek wurden *Das Elend* und *Die Offene Gesellschaft* in einem

---

[232] Magee, 1997, S. 235; eigene Übersetzung aus dem Englischen.
[233] Edonds und Eidinow, 2001, S. 260.

verschlossenen Schrank aufbewahrt – lange vor dem Fall des Eisernen Vorhangs.

Wie wenig selbstverständlich Poppers Gedanken sind, zeigte das 20. Jahrhundert am deutlichsten: ‚Wer soll regieren?' brachte einen Führer, ein ausgearbeiteter politischer Plan zur Glückseligkeit aller führte immer wieder zur ‚Hölle auf Erden'. Poppers Erkenntnis ist mithin höchst originell: Das Streben nach Sicherheit ist aufzugeben, genau deshalb darf ein Philosoph auch nicht an der Schaffung eines ‚großartigen' Planes arbeiten, mit dem er die Zukunft vorhersagt. Mit seiner Kritik ist Popper zu einem der wichtigsten Gegner der utopischen Sozialtechnik geworden, die, wie Radnitzky trefflich bemerkt, „ins Kuriosa-Kabinett der Geistesgeschichte" gehört.[234]

Doch ist das zu optimistisch. Das Modell des starken Führers, der eine neue Gesellschaft umsetzt, häufig mit Elementen der Stammesgesellschaft, liegt nicht im Kuriosa-Kabinett der Geistesgeschichte. Die Gefahr, dass sich offene Gesellschaften selbst abschaffen und dem angehenden Despoten bei der Abschaffung demokratischer Institutionen auch noch zujubeln, ist kein Alptraum, sondern beklemmende Realität – nicht nur in schwachen Demokratien. Die Fixierung auf den „Führer" gibt es auch in den etablierten westlichen Demokratien, wenn auch in scheinbar harmloser Gestalt des US-Präsidentschaftswahlkampfes oder in der ewigen deutschen K-Frage.

Eine Bewusstmachung der Werte der offenen Gesellschaft zeigt uns, dass der „Westen" sehr wohl über Werte verfügt. Wie der österreichische Philosoph Peter Kampits über diese liberalen Werte ausführt: „Toleranz und Respekt für die Rechte anderer, Selbstdisziplin, Reflektiert-

---

[234] Radnitzky, 1995, S. 64.

heit, Selbstkritik, Mäßigung, und ein angemessener Grad von Engagement in staatsbürgerlichen Aktivitäten."[235] Ziel ist die Freiheit des Individuums, wobei der Verantwortung des Einzelnen eine Schlüsselrolle zukommt und auch der dunklen menschlichen Natur Rechnung getragen wird.

Trotz der Erfahrungen der Katastrophen des 20. Jahrhunderts baut Popper auf den kritischen Bürger, der sich – im Sinne Kants – seines eigenen Verstandes bedient. Verantwortung gibt es aber nur dann, wenn der Einzelne die Wahl hat. Freiheit, Verantwortung und Kritik – die Pfeiler des aufgeklärten Humanismus – sind auch die Pfeiler der offenen Gesellschaft.

Das Schlusswort gebührt Popper selbst: „Es scheint mir, dass bis jetzt die Menschheit gar nicht so schlecht gefahren ist. Trotz des Verrats so vieler Dummköpfe und auch einiger ihrer intellektuellen Führer, trotz der verdummenden Wirkung der platonischen Methoden in der Erziehung und trotz der verheerenden Folgen der Propaganda hat es doch einige überraschende Erfolge gegeben. Vielen Schwachen ist geholfen worden und die Sklaverei ist seit fast hundert Jahren praktisch abgeschafft (zumindest im Abendlande). Ob sie vielleicht bald wieder eingeführt werden wird? Ich bin hier optimistisch. Schließlich wird es ja von uns selbst abhängen, von mir und von dir."[236]

---

[235] Kampits, 2001, S. 15; für eine nähere Erörterung liberaler Werte s. Macedo, 1990.
[236] OG I, S. 411.

„Wir müssen für die Freiheit planen und nicht für die Sicherheit, wenn auch vielleicht aus keinem anderen Grund als dem, daß nur die Freiheit die Sicherheit sichern kann."

Sir Karl R. Popper

Abgekürzt zitierte Werke Karl Poppers

Alles Leben ist Problemlösen. Über Erkenntnis, Geschichte und Politik; München: Piper, 1996; zitiert: Alles Leben.
Ausgangspunkte. Meine intellektuelle Entwicklung; Hamburg: Hoffmann und Campe, 1979; zitiert: Ausgangspunkte.
Das Elend des Historizismus; Tübingen: Mohr Siebeck, 1987; zitiert: Elend.
Die offene Gesellschaft und ihre Feinde; 2 Bde: Band I: *Der Zauber Platons*; Band II: *Falsche Propheten: Hegel, Marx und die Folgen*; übersetzt von Paul Feyerabend; Tübingen: Mohr Siebeck, 1992; wenn auf das gesamte Werk Bezug genommen wird, wird es folgendermaßen abgekürzt: Offene Gesellschaft; die einzelnen Werke werden folgendermaßen zitiert: OG I und OG II.
Lesebuch: ausgewählte Texte zur Erkenntnistheorie, Philosophie der Naturwissenschaften, Metaphysik, Sozialphilosophie; herausgegeben von David Miller; Tübingen: Mohr Siebeck, 1995; zitiert: Lesebuch.
Vermutungen und Widerlegungen. Das Wachstum der wissenschaftlichen Erkenntnis; in: *Gesammelte Werke in deutscher Sprache*; Band 10; herausgegeben von Herbert Keuth; Mohr Siebeck, 2009; zitiert: Vermutungen.
Objektive Erkenntnis; Hamburg: Hoffmann und Campe, 1973; zitiert: OE.

Literaturverzeichnis

Agassi, Joseph: *A Philosopher's Apprentice: In Karl Popper's Workshop*; Amsterdam/Atlanta: Rodopi, 1993.

Albert, Hans: *Aufklärung und Steuerung*; Hamburg: Hoffmann und Campe, 1976.

Ders.: „Die soziale Dimension der Erkenntnis und die Verfassung der Wissenschaft"; in: *Karl R. Popper. Plädoyer für kritisch-rationale Wissenschaft*; herausgegeben von Reinhard Neck und Kurt Salamun; Frankfurt: Peter Lang, 2004; S. 25–42.

Ders.: *Traktat über Kritische Vernunft*; Tübingen: Mohr Siebeck, 1968.

Argyris, Chris: „Teaching Smart People How to Learn"; in: *Harvard Business Review*; 1991,69 (III), S. 99–109.

Bouillon, Hardy: „Politische Philosophie in einer offenen Gesellschaft: Anmerkungen zu Popper und Hayek"; in: *Moral und Politik aus der Sicht des kritischen Rationalismus*; herausgegeben von Kurt Salamun; Amsterdam/Atlanta: Rodopi, 1993; S. 141–161.

Carr, Nicholas G.: „The Ignorance of Crowds"; in: *Strategy + Business*, Summer, 2007.

Chmielewski, Adam J.; Popper, Karl R.: „The Future is Open: A Conversation with Sir Karl Popper"; in: *Popper's Open Society After Fifty Years: The Continuing Relevance of Karl Popper*; herausgegeben von Ian Jarvie und Sandra Pralong; London: Routledge, 1999; S. 28–38.

Cohnitz, Daniel: „Popper, Karl Raimund"; in: *Handwörterbuch Philosophie*; herausgegeben von Wulff D. Rehfus; Vandenhoeck & Ruprecht: Göttingen/Oakville, 2005; einsehbar unter: http://www.philosophie-woerterbuch.de/online-woert

erbuch/?tx_gbwbphilosophie_main%5Bentry%5D=41&tx_gbwbphilosophie_main%5Baction%5D=show&tx_gbwbphilosophie_main%5Bcontroller%5D=Lexicon&cHash=aa4a929609a488bf1ffccdcae863ded4.

Craig, Edward (Hrsg.): *Routledge Encyclopedia of Philosophy*; London: Routledge, 1998.

DeLong, David: „Building the Knowledge-Based Organization: How Culture Drives Knowledge Behaviors"; Working Paper, Center for Business Innovation, Ernst & Young LLP; 1997.

Döring, Eberhard: *Karl R. Popper: Die offene Gesellschaft und ihre Feinde. Ein einführender Kommentar*; Paderborn: Schöningh, 1996.

Edmonds, David J.; Eidinow, John A.: *Wie Ludwig Wittgenstein Karl Popper mit dem Feuerhaken drohte*; Stuttgart, München: Deutsche Verlags-Anstalt, 2001.

Fest, Joachim: *Der zerstörte Traum. Vom Ende des utopischen Zeitalters*; Berlin: Siedler, 1991.

Frisby, David: „The Popper-Adorno Controversy. The Methodological Dispute in German Sociology"; in: *Philosophy of the Social Sciences*; 1972, 2; S. 105–119.

Frisch, Max: „Wir hoffen. Rede zur Verleihung des Friedenspreises des deutschen Buchhandels"; Langspielplatte, 1976.

Gadenne; Volker: „Was ist ein guter Widerlegungsversuch?"; in: *Karl R. Popper. Plädoyer für kritisch-rationale Wissenschaft*; herausgegeben von Reinhard Neck und Kurt Salamun; Frankfurt: Peter Lang, 2004; S. 63–76.

Garvin, David A.: „Building a Learning Organization"; in: *Harvard Business Review*; 1993, 71 (IV), S. 78–91.

Geier, Manfred: *Wissenschaftslogiker, Gesellschaftstheoretiker, Philosoph. Kritischer Rationalist, Humanist, Aufklärer*; Berlin: Rowohlt, 1994.

Gellner, Ernest: *Thought and Change*; London: Weidenfeld & Nicholson, 1964.

Gombrich, Ernst H.: „Personal Recollections of the Publication of the Open Society"; in: *Popper's Open Society After Fifty Years: The Continuing Relevance of Karl Popper*; herausgegeben von Ian Jarvie und Sandra Pralong; London: Routledge, 1999; S. 17–27.

Grünbaum, Adolf: „Is the Method of Bold Conjectures and Attempted Refutations Justifiably the Method of Science?"; in: *British Journal for the Philosophy of Science*; 1976, 27; S. 105–136.

Hacohen, Malachi Haim: *Karl Popper. The Formative Years, 1902–1945*: *Politics and Philosophy in Interwar Vienna*; Cambridge: Cambridge University Press, 2002.

Hedström, Peter; Swedberg, Richard; Udéhn, Lars: „Popper's Situational Analysis and Contemporary Sociology"; in: *Philosophy of the Social Sciences*; 1998, 28; S. 339–364.

Heyt, Friso D.: „Poppers Wien. Ein Beitrag zur Ideengeschichte des Kritischen Rationalismus"; Vortrag gehalten anläßlich des *Karl Popper Centenary Congress* in Wien, 2002.

Hitler, Adolf: *Mein Kampf*; München: Eher, 1925/1932.

Honig, Bonnie: *Political Theory and the Displacement of Politics*; Ithaca: Cornell University Press, 1994.

Hosiasson-Lindenbaum, Janina: „On Confirmation"; in: The Journal of Symbolic Logic; 1940; 5 (3); S.133–148.

Hume, David: *Dialoge über natürliche Religion*; Erscheinungsjahr: 1779; Hamburg: Meiner, 1993.

Jarvie, Ian C.: „Popper, Karl Raimund"; in: *Routledge Encyclopedia of Philosophy*; herausgegeben von Edward Craig; London: Routledge, 1998; S. 533–540.

Jarvie, Ian C.; Pralong, Sandra (Hrsg.): *Popper's Open Society After Fifty Years*: *The Continuing Relevance of Karl Popper*; London: Routledge, 1999.

Kampits, Peter: „Sicherheit, Freiheit, wehrhafte Demokratie"; *in*: *Österreichisches Jahrbuch für Politik 2001*; herausgegeben von Andreas Khol, Günther Ofner, Günther Burkert-Dottolo und Stefan Karner; Wien: Verlag für Geschichte und Politik, 2002; S. XXX ff., einsehbar unter: http://www.modern-politics.at.

Keuth, Herbert: *Die Philosophie Karl Poppers*; Tübingen: Mohr Siebeck 2011.

Keuth, Herbert: *Wissenschaft und Werturteil. Zu Werturteilsdiskussion und Positivismusstreit*; Tübingen: Mohr Siebeck 1989.

Kochan, Jeff: „Poppers Communitarism"; in: *Rethinking Popper*, herausgegeben von Zuzana Parusniková und Robert S. Cohen; Springer: Heidelberg, 2009; S. 287–303.

Kohler, Georg: „Die offene Gesellschaft und ihre Freundin"; in: *Neue Zürcher Zeitung Online* vom 3.1.2001; einsehbar unter http://www.nzz.ch.

Kutschera, F. v.: *Wissenschaftstheorie. Grundzüge der allgemeinen Methodologie der empirischen Wissenschaften*; München: Fink, 1972.

Law, Stephen: *The Philosophy Gym*; London: Review, 2003.

Levinson, Ronald B.: *In Defense of Plato*; Cambridge: Cambridge University Press, 1953.

Lube, Manfred (Hrsg.): *Karl R. Popper, Bibliographie 1925–2004*; Frankfurt: Peter Lang, 2005; aktualisierte Version einsehbar unter: http://ub.uni-klu.ac.at/cms/sondersammlungen/karl-popper-sammlung.

Lührs, Georg; Sarrazin, Thilo; Spreer, Frithjof; Tietzel, Manfred (Hrsg.): *Kritischer Rationalismus und Sozialdemokratie*; Berlin: Dietz, 1975.

Macedo, Stephen: *Liberal Virtues*; Oxford: Oxford University Press, 1990.

Magee, Bryan: *Confessions of a Philosopher. A Journey Through Western Philosophy*; London: Phoenix, 1997.

Ders.: *Karl Popper*; New York: Viking Press, 1973.

Ders.: „What Use is Popper to a Practical Politician?"; in: *Popper's Open Society After Fifty Years*: *The Continuing Relevance of Karl Popper*; herausgegeben von Ian Jarvie und Sandra Pralong; London: Routledge, 1999; S. 146–158.

Maischberger, Sandra: *Hand aufs Herz. Helmut Schmidt im Gespräch mit Sandra Maischberger*; Düsseldorf: Econ, 2002.

Mill, John Stuart: „Nature"; in: *Three Essays on Religion*; New York: Prometheus, 1998.

Ders.: „*Three Essays on Religion*; New York: Prometheus, 1998.

Miller, David: „Popper and Tarski"; in: *Popper's Open Society After Fifty Years: The Continuing Relevance of Karl Popper*; herausgegeben von Ian Jarvie und Sandra Pralong; London: Routledge, 1999; S. 65–70.

Miller, David: „Popper's Qualitative Theory of Verisimilitude"; in: *The British Journal for the Philosophy of Science*; 1974, 25; S. 166–177.

Morscher, Edgar: „Lässt sich eine Welt-3-Lehre kritisch-rational verteidigen?"; in: *Karl R. Popper. Plädoyer für kritisch-rationale Wissenschaft*; herausgegeben von Reinhard Neck und Kurt Salamun; Frankfurt: Peter Lang, 2004; S. 169–182.

Nasher-Awakemian, Jack: *Die Moral des Glücks. Eine Einführung in den Utilitarismus*; Berlin: Duncker & Humblot, 2009.

Ders.: *Die Offene Gesellschaft und ihre Freunde. Über die Staatstheorie Sir Karl R. Poppers und ihren Einfluss*; Dissertation an der Universität Wien, 2005.

Neck, Reinhard; Salamun, Kurt (Hrsg.): *Karl R. Popper. Plädoyer für kritisch-rationale Wissenschaft*; Frankfurt: Peter Lang, 2004.

Newey, Glen: *After Politics. The Rejection of Politics in Contemporary Liberal Philosophy*; New York: Palgrave Macmillan, 2001.

Niemann, Hans-Joachim: „Die Utopiekritik bei Karl Popper und Hans Albert"; in: *Aufklärung und Kritik*; 1994, 1; S. 57 ff.

Notturno, Mark A.: „The Open Society and its Enemies: Authority, Community and Bureaucracy"; in: *Popper's Open Society After Fifty Years: The Continuing Relevance of Karl Popper*; herausgegeben von Ian Jarvie und Sandra Pralong; London: Routledge, 1999; S. 41–55.

Parusniková, Zuzana; Cohen, Robert S. (Hrsg.): *Rethinking Popper*; Heidelberg, 2009.

Popper, Karl R.: *Alles Leben ist Problemlösen. Über Erkenntnis, Geschichte und Politik*; München: Piper, 1996.

Ders.: *Ausgangspunkte. Meine intellektuelle Entwicklung*; Hamburg: Hoffmann und Campe, 1979.

Ders.: *Conjectures and Refutations. The Growth of Scientific Knowledge*; London: Routledge & Kegan Paul, 1963.

Ders.: *Das Elend des Historizismus*; 6. Auflage; Tübingen: Mohr Siebeck, 1987; erste Veröffentlichung: „The Poverty of Historicism I."; in: *Economica*, 1944, 11 (42); S. 86–103. „The Poverty of Historicism II.", in: *Economica*; 1944, 11 (43); S. 119–137. „The Poverty of Historicism III.", in: *Economica*, 1945, 12 (46); S. 69–89.

Ders.: *Die beiden Grundprobleme der Erkenntnistheorie*; Manuskripte von 1930–1933; herausgegeben von Troels Eggers Hansen; Tübingen: Mohr Siebeck, 1979.

Ders.: *Die Logik der Forschung*; Wien: Julius Springer, 1935; Tübingen: Mohr Siebeck, 1966.

Ders.: *Freiheit und intellektuelle Verantwortung. Politische Vorträge und Aufsätze aus sechs Jahrzehnten*; herausgegeben und teilweise neu übers. v. Hans-Joachim Niemann; Tübingen: Mohr Siebeck, 2016.

Ders.: *Die offene Gesellschaft und ihre Feinde*; 2 Bde: Band I: *Der Zauber Platons*; Band II: *Falsche Propheten: Hegel, Marx und die Folgen*; übersetzt von Paul Feyerabend; 7. Auflage; Tübingen: Mohr Siebeck, 1992; erste Ausgabe: *The Open Society and Its Enemies*; London: George Routledge & Sons, 1945.

Ders.: *Lesebuch: ausgewählte Texte zur Erkenntnistheorie, Philosophie der Naturwissenschaften, Metaphysik, Sozialphilosophie*; herausgegeben von David Miller; Tübingen: Mohr Siebeck, 1995.

Ders.: *Objektive Erkenntnis*; Hamburg: Hoffman & Campe, 1973.

Ders.: *Replies to my critics*; in: *The Philosophy of Karl Popper*; herausgegeben von Paul Arthur Schilpp; La Salle, Illinois: Open Court, 1974; S. 961–1197.

Ders.: *The Lesson of this Century. With Two Talks on Freedom and the Democratic State*; London: Routledge, 2000.

Ders.: *The Logic of Scientific Discovery*; London: Hutchinson, 1959.

Ders.: *The Open Society and its Enemies*; Jubiläumsausgabe (Band I und II) anläßlich des 100. Geburtstags von Karl Popper; London: Routledge, 2002; darin Vorwort von Václav Havel; S. XI–XVI.

Ders.: „Über das Problem der Demokratie"; in: *Leidenschaft zur praktischen Vernunft. Festschrift für Helmut Schmidt zum 70. Geburtstag*; herausgegeben von Manfred Lahnstein und Werner Matthöfer: Berlin 1989, S. 391–398.

Ders.: „Utopie und Gewalt"; in: *Kritischer Rationalismus und Sozialdemokratie*; Bonn: Dietz 1975; S. 303–315.

Ders.: *Vermutungen und Widerlegungen. Das Wachstum der wissenschaftlichen Erkenntnis*; in: *Gesammelte Werke in deutscher Sprache*; Band 10; herausgegeben von Herbert Keuth; Mohr Siebeck, 2009.

Ders.: „Wider die großen Worte. Ein Plädoyer für intellektuelle Redlichkeit"; in: *Die Zeit*; 24. September 1971.

Ders.; Bartley, W. W.: *Das offene Universum*; Tübingen: Mohr, 2001.

Popper, Karl R.; Lorenz, Konrad: *Die Zukunft ist Offen*; München: Piper 1985; dieses Werk enthält Vorträge des gleichnamigen Symposiums in Wien, 1984.

Pound, Roscoe: *Introduction to the Philosophy of Law*; New Haven: Yale University Press, 1922.

Ders.: *Karl R. Popper. Für die Freunde der Offenen Gesellschaft*; Sankt Augustin: Friedrich Naumann Stiftung, 1995.

Rupps, Martin: *Helmut Schmidt. Eine politische Biographie*; Stuttgart, Leipzig: Hohenheim, 2002.

Russell, Betrand: *The History of Western Philosophy*; London: George Allen & Unwin, 1946.

Salamun, Kurt (Hrsg.): *Moral und Politik aus der Sicht des kritischen Rationalismus*; Amsterdam/Atlanta: Rodopi, 1993.

Schleichert, Hubert (Hrsg.): *Logischer Empirismus. Der Wiener Kreis*; München: Fink, 1975.

Ders.: *Strategie des Gleichgewichts*; Stuttgart: Seewald, 1970.

Schwarzschild, Leopold: *Der Rote Preusse. Leben und Legende von Karl Marx*; Stuttgart: Scherz & Goverts, 1954.

Seiffert, Helmut; Radnitzky, Gérard: *Handlexikon zur Wissenschaftstheorie*; München: Ehrenwirth, 1989.

Spinner, Helmut F.: *Pluralismus als Erkenntnismodell*; Frankfurt a.M.: Suhrkamp, 1974.

Ders.: *Popper und die Politik. Rekonstruktion und Kritik der sozial-, Polit- und Geschichtsphilosophie des kritischen Rationalismus*; Band I, „Geschlossenheitsprobleme"; Berlin, Bonn: Dietz, 1978.

Stadler, Friedrich: *Studien zum Wiener Kreis*; Frankfurt a.M.: Suhrkamp, 1997.

Stelzer, Harald: „Popper and Communitarianism. Ethical and Political Dimensions of Democracy"; Vortrag anläßlich des *Karl Popper Centenary Congress*, Wien, 3–7. Juli, 2002.

Ders.: „Popper and Communitarianism: Justifications and Criticism of Moral Standards"; in: *Rethinking Popper*, herausgegeben von Zuzana Parusniková und Robert S. Cohen; Springer: Heidelberg, 2009; S. 273–285.

Ders.: „Poppers Auffassung von Demokratie im Lichte der kommunitaristischen Liberalismus-Kritik"; in: *Karl R. Popper. Plädoyer für kritisch-rationale Wissenschaft*; herausgegeben von Reinhard Neck und Kurt Salamun; Frankfurt: Peter Lang, 2004; S. 185–198.

Surowiecki, James: *The Wisdom of Crowds. Why the many are smarter than the few and how collective wisdom shapes business, economies, societies, and nations*; New York: Doubleday, 2004.

Taleb, Nassim Nicholas: *The Black Swan. The Impact oft he Highly Improbable*; New York: Random House, 2007/2010.

Tau, Te Maire: „The Death of Knowledge: Ghosts on the Plains"; in: *New Zealand Journal of History*; 2001, 35, 2; S. 131–152.

Tichý, Pavel: „On Popper's Definitions of Verisimilitude"; in: *The British Journal for the Philosophy of Science*; 1974, 25; S. 155–160.

Tichý, Pavel: „Verisimilitude Revisited"; in: *Synthèse*, 1978, 38; S. 175–196.

Watkins, John: „A Whiff of Hegel in *The Open Society*?"; in: *Popper's Open Society After Fifty Years*: *The Continuing Relevance of Karl Popper*; herausgegeben von Ian Jarvie und Sandra Pralong; London: Routledge, 1999; S: 97–108.

Watkins, John: „Karl Popper: a Memoir"; in: *The American Scholar*; Washington, D.C.; 1997, S. 205–225.

Ders.: „Obituary of Karl Popper, 1902–1994"; in: *Proceedings of the British Academy*; Band 94; S. 645–684.

Zimmer, Robert; Morgenstern, Martin: *Karl R. Popper*; Tübingen: Mohr Siebeck, 2015.

Zimmermann, Uwe: *Laßt Theorien sterben, nicht Menschen*; NDR; ausgestrahlt 1989.